PLUTARCH, DE FLUVIIS

OPUSCULA
4

In der Reihe OPUSCULA sind bereits drei zweisprachige Ausgaben erschienen:

Bd. 1: Julian Apostata:
Rede zu Ehren der Kaiserin Eusebia (2021)
ISBN 978-3939526-44-5

Bd. 2: Symeon Seth: Fabelbuch (2021)
ISBN 978-3-939526-46-9

Bd. 3: Periplus Maris Erythraei (2021)
ISBN 978-3-939526-47-6

PLUTARCH, DE FLUVIIS

Über die Benennung von Flüssen und Bergen und der in ihnen gefundenen Dinge

ΠΕΡΙ ΠΟΤΑΜΩΝ ΚΑΙ ΟΡΩΝ ΕΠΩΝΥΜΙΑΣ
ΚΑΙ ΤΩΝ ΕΝ ΑΥΤΟΙΣ ΕΥΡΙΣΚΟΜΕΝΩΝ

Zweisprachige Ausgabe
von Kai Brodersen

Kartoffeldruck-Verlag
Speyer 2022

Bibliografische Information der Deutschen Nationalbibliothek

Die Deutsche Nationalbibliothek verzeichnet diese Publikation in der Deutschen Nationalbibliografie; detaillierte bibliografische Daten sind im Internet über http://dnb.d-nb.de abrufbar.

Der Kartoffeldruck-Verlag publiziert zum reinen Selbstkostenpreis Bücher, die in jeder Buchhandlung bestellt werden können – insbesondere für Expertinnen und Experten in Altertumswissenschaft und Schule.

2022

www.kartoffeldruck-verlag.de
ISBN 978-3-939526-50-6

Inhaltsverzeichnis

\+

ΠΛΟΥΤΑΡΧΟΥ ΠΕΡΙ ΠΟΤΑΜΩΝ ΚΑΙ ΟΡΩΝ ΕΠΩΝΥΜΙΑΣ ΚΑΙ ΤΩΝ ΕΝ ΑΥΤΟΙΣ ΕΥΡΙΣΚΟΜΕΝΩΝ:

\+ +

α´ Ὑδάσπης:· Χρυσίππη διὰ μῆνιν Ἀφροδίτης
εἰς ἐπιθυμίαν ἐμπεσοῦσα τοῦ γεννήσαντος
Ὑδάσπου, καὶ μὴ στέγουσα τοὺς παρὰ φύσιν ἔ-
ρωτας, νυκτὸς καθεῖσα τῷ προσφρησαμένη [?]
συνεκοιμήθη, τῆς τροφοῦ συνεργούσης· οὐ κα-
τυχήσας δὲ περὶ τῶν σημειωθέντων [?] ὁ κασι- [?]
μάσας τὴν μὲν ἐνεργήσασαν αὐτὸν γραῦν ζῶσαν
κατέχωσεν· τὴν δὲ θυγατέρα σταυρώσας, διὰ
λύπης ὑπερβολὴν ἔρριψεν ἑαυτὸν εἰς ποταμὸν
Ἰνδόν· ὃς ἀπ᾽ αὐτοῦ Ὑδάσπης μετωνομάσθη.
ἔστι δὲ τῆς Ἰνδίας νεανικῶς καταφερόμενος, εἰς τὴν σαρωνιτικὴν σύρτιν· γεννᾶται δὲ
ἐν αὐτῷ λίθος, λύχνις καλούμενος· ἐλαιώδης
δὲ ἐστὶ τὴν χρόαν καὶ ζεστὸς πάνυ· σελήνης δὲ
αὐξομένης ὀρίζεται [?] πρὸς μελῳδίαν αὐλῶν·
χρῶνται δὲ οἱ ἐν ἐξοχῇ τυγχάνοντες αὐτῷ· εὑρίσκεται δὲ αὐτοῦ παρὰ τὰς καλουμένας πύλας
βοτάνη, παρόμοιος ἡλιοτροπίῳ· ταύτην μο-
τρικοῦντες [?] τῷ ἰχῶρι τοῖς καύμασιν ἀλείφον-
ται· καὶ εἴργουσιν ἀλγηδόνας τῆς περιστο- [?]
τέρας θερμασίας τὴν ἀναθυμίασιν· οἱ δὲ
ἐγχώριοι τὰς ἀσεβῶς ἀναστρεφομένας παρθένους σταυροῖς προσηλώσαντες, εἰς αὐτὸν κα-
λουσι μεθ᾽ [?] διαλέκτῳ τὸν Ἀφροδίτης ὕ-
μνον ᾄδοντες· κατορύσσουσι δὲ κατ᾽ ἐνιαυτὸν
γραῦν κατάκριτον, παρὰ τὸν ὀνομαζόμενον λόφον Θηρογόνον· ἅμα γὰρ τὴν παρεμβολὴν [?] ἐρ-
πετῶν πλῆθος ἐκ τῆς ἀκρωρείας ἐξέρχεται καὶ
τὰ περὶ γῆν πετάμενα τῶν ἀλόγων ζῴων κατεσθί-
ει· καθὼς ἱστορεῖ Χρύσερμος ἐν π´ Ἰνδικῶν·
μέμνηται δὲ τούτων ἀκριβέστερον Ἀρχέλαος
ἐν ιγ´ περὶ ποταμῶν· ὑπόκειται δὲ αὐτῷ ὄρος
ἐλέφας καλούμενον, δι᾽ αἰτίαν τοιαύτην ἀπε-

Ὑδάσπης

γυν. π(ερὶ) ... τούτο(υ) πάρεστι τοῦ πλουτάρχου φιλοσόφου ... καὶ ... ὁ Ἑρμῆς [?] ... μάλιστα ... πλουτάρχου:·

λίθος λυχνὶς

βοτάνη κεκτημένη [?] ὅσ' ἡλιοτροπίῳ

ὄρος ἐλέφας

Einführung

Ein Werk des Plutarchos von Chaironeia?

> Πλουτάρχου περὶ ποταμῶν καὶ ὄρων ἐπωνυμίας καὶ τῶν ἐν αὐτοῖς εὑρισκομένων
> Des Plutarchos' (Werk) über die Benennung von Flüssen und Bergen und der in ihnen gefundenen Dinge

So ist das antike Buch, das auch unter seinem latinisierten Titel *De fluviorum et montium nominibus et de iis quae in iis inveniuntur* oder kurz *De fluviis* bekannt ist und im vorliegenden Band präsentiert wird, in dem Textzeugen überschrieben, dem wir seine Kenntnis verdanken. Benannt wird also ein Werk des Plutarchos. Dass damit der berühmten Autor von Biographien und moralphilosophischen Schriften, Plutarchos von Chaironeia (um 45 – um 125 n. Chr.), gemeint ist, lässt sich zwar nur vermuten, ist aber bereits in der Spätantike angenommen worden, wie wir sehen werden.

Plutarchos von Chaironeia war nämlich ein äußerst fruchtbarer Autor. Vielleicht auf dem Inventar einer spätantiken Bibliothek aus dem 3./4. Jahrhundert n. Chr. (so Treu 1873) beruht eine in mehreren mittelalterlichen Abschriften überlieferte Liste, die später einem (fiktiven) Sohn des Autors, Lamprias, zugeschrieben wurde und daher als *Lamprias-Katalog* bekannt ist (Edition: Sandbach 1967). Verzeichnet werden 227 Schriften des Plutarchos; nur drei davon gelten heute als unecht. Etwa ein Dutzend der im Katalog genannten, durch andere Bezeugungen als echt belegten Werke sind seither verloren, umgekehrt sind mindestens zwölf weitere echte (und weitere sechs wahrscheinlich unechte) Werke erhalten, die *nicht* im *Lamprias-Katalog* verzeichnet sind. Die Nennung eines Titels in je-

nem Katalog belegt also nicht die Echtheit, sein Fehlen (wie das von *De fluviis*) nicht die Unechtheit.

Eine zweite, kürzere Liste bietet der gelehrte Sophist Sopatros von Apameia im 4. Jahrhundert n. Chr. in seinem Werk Ἐκλογαὶ Διάφοροι (*Vermischte Exzerpte*), welches ein halbes Jahrtausend später der gelehrte Patriarch von Konstantinopel, Photios I., für sein eigenes Sammelwerk (*Bibliothek* 161; Edition: Henry 1960) heranzog. Ihr zufolge nutzte Sopatros in seinen Büchern 8–11 insgesamt 45 Werke des Plutarchos. Von diesen sind heute 36 erhalten und acht verloren; außerdem nennt Sopatros ein (im *Lamprias-Katalog* nicht erwähntes) Werk περὶ ποταμῶν, *Über Flüsse*.

> καὶ δὴ καὶ ὁ ἔνατος αὐτῷ ὁμοίως ἐκ τῶν Πλουτάρχου συνετμήθη, ἔκ τε τοῦ *ὅτι βράδιον οἱ θεοὶ τιμωροῦνται*, καὶ δὴ καὶ ἐκ τοῦ *βίου Δημητρίου καὶ Βρούτου τοῦ Ῥωμαίου*, καὶ ἐκ τοῦ λόγου ὃς ἐπιγέγραπται αὐτῷ· *Ἀνδρῶν ἐνδόξων ἀποφθέγματα*, ἔκ τε τοῦ *περὶ ποταμῶν*, καὶ *πῶς ἄν τις διακρίνειε τὸν κόλακα τοῦ φίλου*, καὶ μὴν καὶ ἐκ τοῦ *Κράτητος βίου Δαϊφάντου τε καὶ Πινδάρου*, καὶ ἐκ τοῦ βιβλίου δὲ ὃ ἐπιγέγραπται αὐτῷ· *βασιλέων καὶ στρατηγῶν ἀποφθέγματα*, σὺν οἷς καὶ ἐκ τῶν *Συμποσιακῶν* αὐτοῦ, ἀπό τε τοῦ πρώτου καὶ ἐφεξῆς μέχρι τοῦ ὀγδόου. καὶ ἀπὸ μὲν τῶν Πλουτάρχου ἐκ τούτων.
>
> Auch das neunte Buch (des Sopatros) ist ebenso aus den Werken des Plutarchos zusammengeschnitten, aus der Schrift *Dass die Götter später bestrafen*, dann auch aus der (Doppel-)*Biographie des Demetrios und des Römers Brutus*, aus dem Buch, das den Titel trägt *Aussprüche berühmter Männer*, aus dem *Über Flüsse* und dem *Wie man den Schmeichler vom Freund unterscheidet*, dann auch aus den *Biographien des Krates, des Daïphantos* und *des Pindaros*, auch aus dem Buch, das von ihm betitelt ist *Aussprüche von Königen und Feldherren*, mit denen zusammen auch aus seinen *Symposiaka*, von ersten bis zum achten Buch. (Exzerpiert worden ist) von den Büchern des Plutarchos aus diesen.

Dass Sopatros ein Buch des Plutarchos von Chaironeia *Über Flüsse* anführt, belegt zwar nicht notwendig, dass damit die hier präsentierte Schrift gemeint ist; denkbar wäre ja, dass

ein anderes, heute verlorenes Werk des Autors gemeint ist. Da das hier präsentierte Werk aber als eines des Plutarchos erhalten, ein anderes aber sonst überhaupt nicht belegt ist, spricht nichts gegen die Annahme, dass Sopatros die auch uns erhaltene Schrift *De fluviis* als eine des Plutarchos von Chaironeia ansah.

Dazu passt, dass auch der gelehrte Bischof Eustathios von Thessaloniki (12. Jahrhundert n. Chr.) in seinem *Kommentar zu Homers* Ilias 3,54 (s. u. Paralleltexte S. 92/93) auf es verweist:

> Αἰσχύλος δὲ ὀβρίκαλά φησι τοὺς λεοντιδεῖς καὶ βαλῆνα τὸν βασιλέα ἐν τῷ »βαλὴν ἀρχαῖος βαλήν«. γλώσσης δὲ τοῦτο, ἐξ οὗ καὶ ὄρος Βαλιναῖον, ὅ ἐστι βασιλικὸν παρὰ Πλουτάρχῳ ἐν τῷ Περὶ ποταμῶν.
> Aischylos nennt die jungen Löwen *obrikala* und den *basileus* (König) *balena* in dem Spruch »*balen*, alter *balen*« (*Perser* 658). (Zusatz des Eustathios:) Dies ist aus der Sprache, aus der auch der Berg *Balinaios* ist, was *basilikos* (königlich) heißt bei Plutarchos in dem (Buch) *Über Flüsse*.

Der letzte Satz findet sich in den von Eustathios sonst herangezogenen Vorlagen nicht, sondern geht auf ihn selbst zurück. Offenbar spielt er damit auf das hier präsentierte Buch *De fluviis* an, das in 12,3 (s. u. S. 48/49) ähnliche Angaben macht.

Übereinstimmungen zwischen später Zitiertem und hier direkt Überliefertem gibt es bereits mit einem dem Aristoteles zugeschriebenen Werk: περὶ θαυμασίων ἀκουσμάτων (*Über wundersame Hörstücke*, bekannt unter dem latinisierten Titel *De mirabilibus auscultationibus*, kurz *Mirabilia*; vgl. Flashar 1972). Es stellt ohne besondere Ordnung ungewöhnliche Phänomene zusammen und wird daher der sogenannten Paradoxographie zugerechnet. Die Appendix der Schrift (152–178; s. u. Paralleltexte S. 82–85) ist nicht genau datierbar (s. Giacomelli 2021, 23), konnte aber jedenfalls im 5. Jahr-

hundert n. Chr. von dem gelehrten Johannes Stobaios in seiner Anthologie in einem Kapitel über Heilmittel (4,36,15) genutzt werden (Edition: Hense 1909). Ebendort finden sich Passagen, die Aussagen in *De fluviis* entsprechen (s. u. Paralleltexte S. 86–91). Stobaios verschleiert dabei aber deren Herkunft, indem er sie den in *De fluviis* als Beleg genannten Autoren und ihren Werken direkt zuordnet. Es ist aber offenkundig, dass er der Tradition von *De fluviis* folgt.

Nicht datieren kann man die wohl spätantiken *Scholia* (Erläuterungen) zum *Lied von der Erde* des Dionysios Periegetes (2. Jahrhundert n. Chr.), die zur Erwähnung des Flusses Hydaspes (Vers 1139) den Plutarchos-Text wiedergeben (s. u. Paralleltexte S. 90/91). Zwei kurze, dem Text jenes Buchs sehr ähnliche Passagen bietet sodann der etwa ein Jahrhundert jüngere Johannes Lydos (s. u. Paralleltexte S. 92/93) ebenfalls ohne Nennung der Vorlage. Von Eustathios, der Plutarchos nennt, war eben schon die Rede.

Sopatros im 5. und Eustathios im 12. Jahrhundert n. Chr. waren also offenbar der Überzeugung, dass ein ihnen vorliegendes Buch *Über Flüsse* von Plutarchos von Chaironeia aus dem 1./2. Jahrhundert n. Chr. stammte; dass dieses Buch dem hier präsentierten Werk entsprach, legen die bei jenen Autoren gebotenen Passagen nahe. Zudem nutzten Ps.-Aristoteles, Johannes Lydos im 6. Jahrhundert n. Chr. und die spätantiken *Scholia* zu dem geographischen Lehrgedicht des Dionysios Periegetes offenkundig dieses Buch.

Ein pseudepigraphes Werk?

Zweifel an der Zuschreibung des Buchs an Plutarchos von Chaironeia, also an der Echtheit des Werks, beginnen bereits mit dem ersten Textzeugen. In ihm hat nämlich ein späterer Schreiber am Rand neben dem oben zitierten Titel notiert:

ψευδεπίγραφον τοῦτο. πόρρω γὰρ τῆς Πλουτάρχου μεγαλοφυίας ἥτε διάνοια καὶ ἡ φράσις. εἰ μή τις ἕτερος Πλούταρχος. Das ist ein Pseudepigraphon. Weit entfernt von der Erhabenheit sind nämlich sowohl der Gedanke als auch der Ausdruck – es sei denn, es ist ein anderer Plutarchos.

In der Tat ist das Buch nur in einem Zusammenhang überliefert, in dem auch andere pseudepigraphe Texte bewahrt sind, nämlich in einem *Codex*, also zu einem Buch zusammengebundenen Pergament-Blättern (*folia*), aus dem 9. Jahrhundert n. Chr. (ferner in einer Abschrift dieses *Codex* aus dem 14. Jahrhundert; s. u. S. 17): dem *Codex Palatinus graecus* 398.

Dieser in Konstantinopel (İstanbul) geschriebene *Codex* ist später in Basel und bis ins 17. Jahrhundert dann in der *Bibliotheca Palatina* in Heidelberg nachgewiesen. Im Dreißigjährigen Krieg (1618–1648) wurde er jedoch nach Rom verbracht und von dort unter Napoleon am Ende des 18. Jahrhunderts nach Paris; 1816 kam er nach Heidelberg zurück und wird dort heute in der Universitätsbibliothek aufbewahrt (Digitalisat: https://digi.ub.uni-heidelberg.de/diglit/cpgraec398).

Der *Codex* bietet insgesamt 18 antike Texte und ist für nicht wenige davon das einzige erhaltene Zeugnis. In der nachstehenden Liste angegeben ist jeweils das *folium*, auf dem ein Text beginnt bzw. endet (*r* für *recto* bezieht sich dabei auf die Vorder-, *v* für *verso* auf die Rückseite) und der jeweils übliche latinisierte Autorname und Titel:

1*r*–10*v*:	Leerseiten
11*r*–16*v*:	Ps.-Arrianus, *Periplus Ponti Euxini*
17*r*–30*r*:	Arrianus, *Cynegeticus*
30*v*–40*r*:	Arrianus, *Periplus Ponti Euxini*
40*v*–54*v*:	Ps.-Arrianus, *Periplus Maris Erythraei*
55*r*–56*r*:	Hanno Carthagiensis, *Periplus*
56*v*–59*v*:	Ps.-Philo Byzantius, *De septem orbis spectaculis*
60*r*–156*v*:	*Chrestomathia* ex libris geographicis Strabonis
157*r*–173*r*:	Ps.-Plutarchus, *De fluviis*

173*v*–188*v*: Parthenius, *Narrationes amatoriae*
189*r*–208*v*: Antoninus Liberalis, *Transformationum congeries*
209*r*–215*v*: Hesychius Milesius, *Res patriae Constantinopoleos*
216*r*–236*r*: Phlegon Trallianus, *Mirabilia*
236*v*–243*r*: Apollonius, *Historiae mirabiles*
243*v*–261*v*: Antigonus Carystius, *Historiae mirabiles*
262*r*–282*v*: Ps.-Hippocrates, *Epistulae*
283*r*–302*r*: Ps.-Themistocles, *Epistulae*
302*v*–321*v*: Ps.-Diogenes, *Epistulae*
322*r*–331*r*: Ps.-Brutus, *Epistulae*
331*v*–333*v*: Leerseiten

Der *Codex Palatinus graecus* 398 bietet zunächst eine Reihe von dem Flavius Arrianos (um 95 – um 145 n. Chr.) zugeschriebenen Werken: den pseudepigraphen *Periplus Ponti Euxini*, das *Buch über Jagd und Jagdhunde* (*Kynegetikos*) sowie den *Periplus Ponti Euxini* und den wiederum pseudepigraphen *Periplus Maris Erythraei*. Es folgen der *Periplus* des Karthagers Hanno, der *Reiseführer zu den Sieben Weltwundern* unter dem Namen des Philon von Byzantion, eine Auswahl aus den geographischen Büchern des Strabon sowie am Ende dieser überwiegend geographischen Bücher das dem Plutarchos zugeschriebene Buch *De fluviis*. Dieses steht damit an einer Schnittstelle zu mythographischen Schriften: Mit den *Liebesleiden* des Parthenios und den *Metamorphosen* des Antoninus Liberalis folgen ihm nämlich zwei Texte zur antiken Mythologie, sodann die *Patria Konstantinopoleos* des Hesychios von Miletos, das *Buch der Wunder* des Phlegon von Tralleis, die *Wundergeschichten* des Apollonios und des Antigonos von Karystos sowie die romanhaften *Briefe*, die angeblich Hippokrates, Themistokles, Diogenes und Brutus verfasst haben.

Der *Codex* ist eine typische »Sammelhandschrift« mit eher kurzen Texten, die offenbar nach thematischer Zusammengehörigkeit (Geographie, Mythologie, Wundergeschichten, Briefe) zusammengestellt wurden und sich oft als ihren angeblichen Autoren nur zugeschrieben erweisen (und deshalb in der obigen Liste durch die Vorsilbe »Ps.-« für »Pseudo-« benannt sind).

Eine Parodie auf Wissenliteratur?

Die Annahme, dass tatsächlich Plutarchos von Chaironeia selbst das hier präsentierte Werk verfasst hat, ist auch sonst wenig plausibel. Der wohl bedeutendste Erforscher der Werke des Plutarchos von Chaironeia, Konrat Ziegler, schreibt (1951, 870):

> (Das Buch enthält) 25 Kapitel, in denen ebenso viele Flüsse Asiens, Thrakiens und Griechenlands, dazu Arar (6) und Nil (16) in wirrem Durcheinander derart behandelt werden, daß immer zunächst ein Mythus erzählt wird, der dem Fluß seinen Namen gegeben oder vielmehr die Änderung des ursprünglich anders lautenden Namens veranlaßt hat. Meist handelt es sich dabei um erotische Verirrungen, die damit enden, daß der unglückliche Held sich in den betreffenden Fluß stürzt. Anschließend werden merkwürdige Steine und Pflanzen, auch Metalle, besprochen, die sich in oder an dem Flusse finden, sowie die Berge, die in seiner Nähe gelegen sind, alles reichlich mit weiteren sensationellen Wundergeschichten ausgestattet.

Sowohl im Inhalt als auch in der Form unterscheidet sich *De fluviis* sehr deutlich von nachweislich echten Werken des Plutarchos von Chaironeia (vielleicht mit Ausnahme der ebenfalls pseudepigraphen sogenannten *Parallela minora*, die ähnlich unsortiert sind). Das Werk selbst bietet in keiner erkennbaren Anordnung (vgl. Delattre 2017) insgesamt 25 Kapitel, die jeweils in aller Regel viergeteilt sind und jeweils Fluss und Pflanze (o. ä.), Berg und Stein (o. ä.) behandeln; als Ätiologien für die Benennungen und Umbenennungen von Flüssen und Bergen werden zuallermeist sonst selten oder gar nicht bezeugte Mythen-Varianten angeführt.

Als Belege für das Angegebene werden 46 Autoren mit 65 verschiedenen Werken genannt; mehr als die Hälfte von ihnen, 25, sind nur hier bezeugt, neun weitere nur hier und in den ebenfalls pseudepigraphen *Parallela minora* (dort aber mit einer Ausnahme alle mit anderen Buchtiteln). Die übrigen

zwölf Autoren sind zwar auch sonst bekannt, allerdings in keinem Fall mit dem hier genannten Buchtitel. Zudem scheinen die Namen der Quellenautoren oft allzu nah am Text: Über *Chrys*ippe (1,1) und *Chrys*-orrhoë (7,1) berichtet angeblich *Chrys*-ermos, über *Tim*-andros (21,1) *Tim*-agoras. Antike Werke sind oft in Bücher (im Umfang einer Schriftrolle) eingeteilt – hier aber wird, gleich von welchem Autor, entweder auf Buch 1, 2, 3, 4 oder 10, dann wieder (oft) auf Buch 13 und einmal auf Buch 80 verwiesen; andere Buchzahlen kommen nicht vor: Das scheint des Zufalls zu viel.

Wären die zitierten Werke echt (wie etwa Joseph Schlereth 1931 gemeint hat), so müsste man mit Wilhelm Schmid von »einer enormen Bereicherung der griechischen Literaturgeschichte« sprechen; vor dieser freilich wird einem rasch »etwas bange« (Schmid 1932, 633). Selbst der von Felix Atenstädt (1922) unternommene Versuch, etwa den in 10,1 genannten Autor von *Phrygiaka*, Alexandros Cornelius, mit dem auch aus anderen Belegen bekannten Alexandros Polyhistor aus dem 1. Jahrhundert v. Chr. (*FGrHist* 273 F 76) zu identifizieren, lässt sich nicht unbestreitbar belegen, da ein Werk genau dieses Titels für jenen Autor sonst nicht bezeugt ist (sondern nur eines *Peri Phrygias*). Es ist plausibler, bei den meisten, wenn nicht allen im vorliegenden Werk genannten Quellenautoren mit Felix Jacoby von »Schwindelautoren« zu sprechen, die für das vorliegende Werk erfunden worden sind (Jacoby 1940).

Die sprachliche Form ist nicht minder kurios. Hoher Stil und seltene, ja in zwei Fällen nur hier belegte Wörter (22,1 γονοκτονέω und 23,3 ἀνθρωπόμιμος) wechseln sich mit stereotypen und holprigen Formulierungen ab, die in der vorliegenden Übersetzung möglichst konsistent und also ebenso holprig wiedergegeben werden.

Im Übrigen ist auch die Datierung nicht sicher. Dass in 20,1 Parthien genannt ist, hat man durch Gleichsetzung dieser An-

gabe mit dem im 3. Jahrhundert n. Chr. endenden Partherreich als *terminus ante quem* zu nutzen versucht, und dass in 12,2 eingeritzte Steine *nicht* mit Kameen verglichen werden, wie sie bis ins 3. Jahrhundert n. Chr. belegt sind, als *terminus post quem* (de Mély 1892, 339). Beide Annahmen sind allerdings durchaus nicht zwingend. Der erste sichere *terminus ante quem* ist die Nutzung des Werks bei Johannes Stobaios im 5. Jahrhundert n. Chr. (s. o. S. 10).

Nicht zuletzt ist die Einordnung des Buchs umstritten. Es wird in modernen Editionen als Teil des *Corpus Plutarchi Moralium* (so zuletzt Dübner 1882, Bernardakis 1896, Calderón Dorda u. a. 2003 und Rodríguez Moreno 2005), aber auch als Teil der *Geographi Graeci Minores* (Hudson 1703 und Müller 1861) präsentiert. Man hat es als Exzerpt aus einem verlorenen »hermetischen« und daher unzugänglichen Werk gesehen (de Mély 1892), was sich freilich mangels Belegen nicht nachweisen lässt. Genutzt wurde es auch als Steinbruch für Zitate aus sonst (vermeintlich) verlorenen Werken, und zwar seit Johannes Stobaios (s. o.); auch heute wird *De fluviis* trotz der naheliegenden Vermutung, es handele sich um »Schwindelautoren«, in Sammlungen von Fragmenten griechischer Historiker (wie *Brill's New Jacoby*) als Quellenbeleg genutzt. Felix Jacoby selbst sah es als »völlig schwindelhafte Ausartung der Paradoxographie« (1940, 81), und so erscheint das Werk auch unter den Schriften der Paradoxographen (Giannini 1965, 396), aber ebenso mit seinen phantasievollen Mythenversionen in einer Reihe namens *Mythographes* (Delattre 2011).

Wie also kann man das Werk charakterisieren? Lange war es üblich, es (wie die *Parallela minora*) als »Machwerk« (Ziegler 1951, 869) eines Fälschers (*falsarius*: Hercher 1851, 22) oder schlichtweg dummen Autors zu sehen; so schreibt etwa Karl Müller (1861, lv) über beide Werke: *ex eodem omnia cerebello tamquam ex fabrica prodiisse putaveris* (»dass alles aus demselben Gehirnchen wie aus einer Werkstatt hervorgegan-

gen ist, darf man glauben«). Das Richtige hat aber wohl der jüdische Gelehrte Solomon Luria gesehen, wenn auch in einer Fußnote versteckt (1929, 95 Fußnote 3):

> Mir scheint wahrscheinlicher, dass wir hier eine später missverstandene Parodie im Stile der lukianischen »echten Geschichten« vor uns haben, als dass das Werk als eine ernstliche Mystifikation aufzufassen sei.

Tatsächlich entsprechen die nachgerade übertrieben wirkenden inhaltlichen und sprachlichen Extravaganzen eher für eine Parodie, wie sie im 2. Jahrhundert n. Chr. der gelehrte Spötter Lukianos von Samosata in seinem Werk Ἀληθῆ διηγήματα (latinisiert *Verae historiae*, Echte/Wahre Geschichten) vorgelegt hat. Lukianos charakterisiert den Sprachstil solcher Werke in seinem Traktat πῶς δεῖ ἱστορίαν συγγραφεῖν 22 (*De historia conscribenda*, Wie man Geschichte schreiben soll) wie folgt:

> ... ὥστε τὸ πρᾶγμα ἐοικὸς εἶναι τραγῳδῷ τὸν ἕτερον μὲν πόδα ἐπ' ἐμβάτου ὑψηλοῦ ἐπιβεβηκότι, θάτερον δὲ σανδάλῳ ὑποδεδεμένῳ.
> ... sodass die Sache einem Tragödienschauspieler ähnlich ist, der den einen Fuß auf einen hohen Bühnenschuh (Kothurn) gestellt hat, den anderen auf eine untergebundene Sandale.

Der britische Gelehrte Alan Cameron hat einmal formuliert (Cameron 2004, ix):

> ... *De fluviis* is unreliable, but few have been hard-hearted enough to admit that it is pure fiction, sources and all.

Auch auf die Gefahr, als hartherzig zu erscheinen: Das pseudepigraphe Werk scheint mir in der Tat ganz im Sinne des Lukianos in Inhalt und Stil eine Parodie zu sein, in der die antike Wissensliteratur zur Geographie, zur Naturkunde und nicht zuletzt zur Mythologie mit oft arg übertriebenen Angaben aufs Korn genommen wird.

Ist diese Annahme richtig, sind historische Bezugnahmen auf vermeintlich echte antike Traditionen etwa zum Fluss Sangarios (Yanakieva 2002), zu Phasis (Braund 2010), zu Lugdunum (von Nicolai 2016), aber auch zu den Mythenversionen (Vespa 2020) nicht unproblematisch; solche Angaben sind dann eher im Sinne von Lukianos' *Wahren Geschichten* (s. Brodersen 2018) als eben gerade *nicht* wahr einzuordnen.

Zu dieser Ausgabe

Dass wir antike Literatur lesen können, verdanken wir wiederholten Abschriften, an deren Endpunkt (mindestens) ein erhaltener *Codex* (s. o. S. 11) steht. Beim vorliegenden Buch ist nur eine Abschrift erhalten: der schon genannte *Codex Palatinus graecus* 398. In ihm blieb auf 15,1 der Großteil einer Seite leer, offenbar weil der Schreiber die hier fehlenden Abschnitte nachtragen wollte. Zu 8,2 bietet Johannes Stobaios eine Quellenangabe, die im Text des *Codex* fehlt, und hier sowie zu 25,2 (18 und 22; s. u. Paralleltexte S. 88/89 bzw. S. 90/91) nennt er dort fehlende Pflanzennamen – Indizien dafür, dass der antike Text ihm und den Schreibern des *Codex* in unterschiedlichen Abschriften vorlag.

Der im *Codex Palatinus graecus* 398 bewahrte Text wurde seinerseits im frühen 14. Jahrhundert wohl ebenfalls in Konstantinopel erneut abgeschrieben; etwa zwei Jahrhunderte später ist diese Abschrift im Vatopedi-Kloster auf dem Berg Athos belegt (*Codex* 655). 1852 erwarb (oder stahl) der Handschriftenhändler (und -fälscher) Konstantinos Simonides dort Teile dieses *Codex* und verkaufte manche davon im Jahr darauf an die British Library in London (wo diese Blätter seither als *Add MS* 19391 bewahrt werden), andere gingen später in den Besitz der Bibliothèque Nationale in Paris über (*Codex suppl. gr.* 443A). Für die Textrekonstruktion hat diese Abschrift aber keinen eigenständigen Wert (vgl. Poidomani 2016).

Da viele Namen und andere Angaben in *De fluviis* ohne Parallele in der erhaltenen antiken Literatur sind, erweist sich die Rekonstruktion des antiken Textes als nicht unproblematisch. Spätere Nutzer des *Codex Palatinus* nahmen dann Korrekturen vor und fügten Randnotizen hinzu: Schon mittelalterliche Schreiber sahen also die Notwendigkeit, das ihnen Überlieferte zu verbessern. Weitere Textvorschläge umfasste die *editio princeps*, die erste gedruckte Edition, die der aus Prag stammende Gelehrte Sigismund Gelen (Ghelen, Gelenius, 1497–1554) in Basel 1533 vorlegte. Spätere Editionen mit je eigenen Vorschlägen zur Verbesserung des Texts werden u. a. Philippe Jacques Maussac 1618, John Hudson 1703, Daniel Wyttenbach 1802, Rudolf Hercher 1851, Friedrich Dübner 1855, Karl Müller 1861, Gregorios N. Bernardakis 1896, Estéban Calderón Dorda u. a. 2003 sowie Charles Delattre 2011 verdankt.

Die vorliegende Edition versucht, die im *Codex Palatinus* überlieferten Lesarten soweit möglich zu bewahren und in der Übersetzung zu erklären. Spätere und zu tilgende Zusätze stehen im griechischen Text in eckigen Klammern (und bleiben unübersetzt), notwendige Ergänzungen in spitzen Klammern (und werden übersetzt). In runden Klammern stehen ggf. die Lesarten des Codex (nicht eigens verzeichnet ist dabei nur die Schreibung παρὰ χρῆμα für παράχρημα).

Zuletzt gab es Übersetzungen des Werks ins Italienische (Calderón Dorda u. a. 2004), Spanische (Rodríguez Moreno 2005), Englische (Banchich u. a. 2010) und Französische (Delattre 2011), aber bisher überhaupt keine ins Deutsche. Mit der vorliegenden zweisprachigen Ausgabe soll nun ein selten beachteter, aber als Parodie auf die antike Wissensliteratur durchaus lesenswerter antiker Text zweisprachig zugänglich gemacht werden.

ΠΛΟΥΤΑΡΧΟΥ

ΠΕΡΙ ΠΟΤΑΜΩΝ ΚΑΙ ΟΡΩΝ ΕΠΩΝΥΜΙΑΣ
ΚΑΙ ΤΩΝ ΕΝ ΑΥΤΟΙΣ ΕΥΡΙΣΚΟΜΕΝΩΝ

PLUTARCH

ÜBER DIE BENENNUNG VON FLÜSSEN UND BERGEN
UND DER IN IHNEN GEFUNDENEN DINGE

1. ΥΔΑΣΠΗΣ

(1) Χρυσίππη διὰ μῆνιν Ἀφροδίτης εἰς ἐπιθυμίαν ἐμπεσοῦσα τοῦ γεννήσαντος Ὑδάσπου καὶ μὴ στέγουσα τοὺς παρὰ φύσιν ἔρωτας, νυκτὸς βαθείας τῷ προειρημένῳ συνῆλθε, τῆς τροφοῦ συνελθούσης. οὐκ εὐτυχήσας δὲ περὶ τῶν συμβεβηκότων ὁ βασιλεὺς τὴν μὲν ἐνεδρεύσασαν αὐτὸν γραῦν ζῶσαν κατέχωσεν· τὴν δὲ θυγατέρα σταυρώσας διὰ λύπης ὑπερβολὴν ἔρριψεν ἑαυτὸν εἰς ποταμὸν Ἰνδὸν, ὃς ἀπ' αὐτοῦ Ὑδάσπης μετωνομάσθη· ἔστι δὲ τῆς Ἰνδίας νεανικῶς καταφερόμενος εἰς τὴν Σαρωνιτικὴν Σύρτιν.

(2) γεννᾶται δὲ ἐν αὐτῷ λίθος λύχνις καλούμενος. ἐλαιώδης δέ ἐστιν τῇ χρόᾳ καὶ ζεστὸς πάνυ· σελήνης δὲ αὐξομένης εὑρίσκεται πρὸς μελῳδίαν αὐλῶν· χρῶνται δὲ αὐτῷ οἱ ἐν ἐξοχῇ τυγχάνοντες.

(3) εὑρίσκεται δὲ αὐτοῦ παρὰ τὰς καλουμένας Πύλας βοτάνη παρόμοιος ἡλιοτροπίῳ· ταύτην λειοτριβοῦντες τῷ χυλῷ τοῖς καύμασιν ἀλείφονται καὶ φέρουσιν ἀκινδύνως τῆς περισσοτέρας θερμασίας τὴν ἀναθυμίασιν.

οἱ δὲ ἐγχώριοι τὰς ἀσεβῶς ἀναστρεφομένας παρθένους σταυροῖς προσηλώσαντες εἰς αὐτὸν βάλλουσιν, τῇ σφῶν διαλέκτῳ τὸν Ἀφροδίτης ὕμνον ᾄδοντες. κατορύσσουσι δὲ κατ' ἐνιαυτὸν γραῦν κατάκριτον παρὰ τὸν ὀνομαζόμενον λόφον Θηρογόνον· ἅμα γὰρ τὴν πρεσβῦτιν ἑρπετῶν πλῆθος ἐκ τῆς ἀκρωρείας ἐξέρχεται καὶ τὰ περιιπτάμενα τῶν ἀλόγων ζώων κατεσθίει, καθὼς ἱστορεῖ Χρύσερμος ἐν π' Ἰνδικῶν. μέμνηται δὲ τούτων ἀκριβέστερον Ἀρχέλαος ἐν ιγ' περὶ Ποταμῶν.

(4) ὑπόκειται δὲ αὐτῷ ὄρος Ἐλέφας καλούμενον δι' αἰτίαν τοιαύτην· Ἀλεξάνδρου τοῦ Μακεδόνος μετὰ στρατεύματος

1. HYDASPES *Zu 1,1–4 vgl. Schol. Dion. Per., zu 1,2 Joh. Lyd. 3,11*

(1) Als Chrysippe durch den Zorn der Aphrodite in Begehren nach Hydaspes, ihrem Vater, verfallen war und den widernatürlichen erotischen Begierden nicht widerstehen konnte, hatte sie in tiefer Nacht mit dem Vorgenannten Geschlechtsverkehr, in Begleitung ihrer (alten) Amme. Nachdem der König über die Geschehnisse nicht erfreut war, begrub er die alte Frau, die ihm den Hinterhalt bereitet hatte, bei lebendigem Leib; nachdem er seine Tochter gekreuzigt hatte, stürzte er sich in übermäßigem Kummer in den Indos, der nach ihm in Hydaspes umbenannt wurde. Er ist ein Fluss von Indien, der heftig in die saronitische Syrte fließt.

(2) Hervorgebracht wird in ihm ein Stein namens Lychnis. Er hat eine olivgrüne Farbe und ist sehr warm. Wenn der Mond zunimmt, wird er in Begleitung einer Flötenmelodie gefunden. Die prominenten Männer verwenden ihn.

(3) Gefunden wird bei den sogenannten Pylai (Toren) eine Pflanze, die dem Heliotrop ähnelt. Sie zerreiben diese fein, salben sich mit dem Saft gegen Verbrennungen und ertragen ohne Risiko das Aufdampfen der sehr großen Hitze.

Die Einheimischen werfen die Jungfrauen, die sich pietätlos verhalten haben, in ihn (den Fluss), nachdem sie sie gekreuzigt haben, wobei sie in ihrem Dialekt den Hymnos an Aphrodite singen. Sie vergraben jedes Jahr eine verurteilte alte Frau neben dem Therogonos (Wildtierhervorbringer) genannten Hügel. Gleichzeitig mit der alten Frau kommt nämlich eine Schar von Reptilien von dem Berggipfel herab und verschlingt die vernunftlosen Tiere, die sich um die alte Frau scharen, wie Chrysermos in *Indika*, Buch 80, überliefert. Archelaos überliefert diese Dinge ausführlicher in *Über Flüsse*, Buch 13.

(4) Es liegt bei diesem (Fluss) ein Berg, der aus einem Grund folgender Art Elephas (Elefant) genannt wird: Als Alex-

εἰς Ἰνδίαν ἐλθόντος καὶ τῶν ἐγχωρίων κρίσιν ἐχόντων ἀντιπολεμεῖν αὐτῷ, Πώρου τοῦ βασιλέως τῶν τόπων ἐλέφας αἰφνιδίως οἰστροπλὴξ γενόμενος ἐπὶ τὸν Ἡλίου λόφον ἀνέβη καὶ ἀνθρωπίνῃ φωνῇ χρησάμενος εἶπεν· »Δέσποτα βασιλεῦ, τὸ γένος ἀπὸ Γηγασίου κατάγων, μηδὲν ἐξ ἐναντίας Ἀλεξάνδρου ποιήσῃς· Διὸς γάρ ἐστιν Γηγάσιος.« καὶ τελέσας τὸν λόγον ἔθανεν. ἀκούσας δὲ τούτων ὁ Πῶρος ψοφοδεὴς (ψοφωδηεος) τοῦ Ἀλεξάνδρου γόνασιν προσέπεσεν εἰρήνην αἰτούμενος· τυχὼν δὲ ὧν ἤθελεν, τὸ ὄρος Ἐλέφαντα μετωνόμασεν, καθὼς ἱστορεῖ Δέρκυλλος ἐν γ' περὶ Ὀρῶν.

2. ΙΣΜΗΝΟΣ

(1) Ἰσμηνὸς ποταμός ἐστι τῆς Βοιωτίας κατὰ πόλιν Θήβας· ἐκαλεῖτο δὲ τὸ πρότερον Κάδμου ποῦς ἀπ' αἰτίας τοιαύτης· Κάδμος τὸν κρηνοφύλακα δράκοντα τοξεύσας καὶ εὑρὼν ὥσπερ πεφαρμακευμένον <μετὰ> φόβου τὸ ὕδωρ, περιήρχετο τὴν χώραν ζητῶν πηγήν· γενόμενος δὲ κατὰ τὸ Κωρύκ[α]ιον ἄντρον κατὰ πρόνοιαν Ἀθηνᾶς τὸν δεξιὸν πόδα βαθύτερον εἰς πηλὸν ἤρεισεν· ποταμοῦ δ' ἀναδοθέντος ἐκ τοῦ τόπου, ὁ ἥρως βουθυτήσας Κάδμου πόδα προσηγόρευσεν αὐτόν. μετὰ δέ τινα χρόνον Ἰσμηνὸς, Ἀμφίονος καὶ Νιόβης παῖς, ὑπὸ Ἀπόλλωνος τοξευθεὶς καὶ ἀλγηδόνι συνεχόμενος, ἑαυτὸν ἔβαλεν εἰς τὸν προειρημένον ποταμὸν, ὃς ἀπ' αὐτοῦ Ἰσμηνὸς ὠνομάσθη, καθὼς ἱστορεῖ Σώστρατος ἐν β' περὶ Ποταμῶν.

(2) παράκειται δὲ αὐτῷ Κιθαιρὼν ὄρος, ὀνομαζόμενον δὲ πρότερον Ἀστέριον δι' αἰτίαν τοιαύτην. Βοιωτοῦ τοῦ Ποσειδῶνος ἐκ δυεῖν γυναικῶν τῶν ἐπισήμων θέλοντος γῆμαι τὴν ὠφελιμωτέραν καὶ ἐν ταῖς ἀκρωρείαις λόφου τινὸς ἀνωνύμου νυκτὸς περιμένοντος ἀμφοτέρας, αἰφνίδιος (αἰφνιδίως) ἐξ οὐρανοῦ κατενεχθεὶς ἀστὴρ <ἐν>έπεσεν τοῖς Εὐρυθεμίστης

andros (d. Gr.) von Makedonien mit einem Heer nach Indien kam und die Einheimischen sich über den Widerstand gegen ihn stritten, stieg ein Elefant von Poros, dem König der Gegend, als der plötzlich wütend geworden war, auf den Hügel des Helios und sagte mit menschlicher Stimme: »Herr König, der du von Gegasios abstammst, tue nichts, was Alexandros entgegensteht. Von Zeus ist nämlich Gegasios.« Und nachdem er seine Rede beendet hatte, starb er. Als Poros dies hörte, fiel er erschrocken vor Alexandros auf die Knie und bat um Frieden. Als er erreicht hatte, was er sich wollte, benannte er den Berg in Elephas um, wie Derkyllos in *Über Berge*, Buch 3, berichtet.

2. ISMENOS

(1) Ismenos ist ein Fluss in Boiotien in der Nähe der Stadt Theben. Er wurde früher Kadmos' Fuß (*Kadmou pous*) genannt, und zwar aus einem Grund folgender Art: Als Kadmos die Schlange, die den Brunnen bewachte, erschoss und mit Furcht feststellte, dass das Wasser vergiftet war, begann er, auf der Suche nach einer Quelle die Gegend zu durchstreifen. Als er in die Nähe der Korykischen Höhle kam, drückte er durch die Bedachtsamkeit Athenas seinen rechten Fuß sehr tief in den Schlamm. Da nun an dem Ort ein Fluss entsprang, nannte der Held ihn, nachdem er einen Stier geopfert hatte, Kadmos' Fuß. Nach einiger Zeit stürzte sich Ismenos, das Kind von Amphion und Niobe, von Apollon angeschossen und von Schmerzen erfasst, in den vorgenannten Fluss, der nach ihm Ismenos genannt wurde, wie Sostratos in *Über Flüsse*, Buch 2, berichtet..

(2) Es liegt neben diesem der Berg Kithairon, der früher aus einem Grund folgender Art Asterios genannt wurde: Als Boiotos, der Sohn des Poseidon, die nützlichere von zwei Frauen von Rang heiraten wollte und nachts auf den Gipfeln eines unbenannten Hügels auf beide wartete, fiel ein Stern (*aster*), der plötzlich vom Himmel herabgekommen war, auf die Schultern

ὤμοις καὶ ἀφανὴς ἐγένετο. Βοιωτὸς δὲ τὸ σημαινόμενον νοήσας τὴν μὲν κόρην ἔγημεν, τὸ δὲ ὄρος ὠνόμασεν Ἀστέριον ἀπὸ τοῦ συγκυρήματος.

ὕστερον δὲ ἐκλήθη Κιθαιρὼν δι' αἰτίαν τοιαύτην. Τισιφόνη μία τῶν Ἐρινύων εἰς ἐπιθυμίαν ἐμπεσοῦσα παιδὸς εὐπρεποῦς, Κιθαιρῶνος τοὔνομα, καὶ μὴ στέγουσα τὴν ἐπίτασιν τῶν ἐρώτων, λόγους αὐτῷ περὶ συνόδων ἀπέστειλεν· ὁ δὲ τὸ καταπληκτικὸν τῆς προειρημένης φοβηθεὶς οὐδὲ ἀποκρίσεως αὐτὴν ἠξίωσεν· ἡ δὲ ἀποτυχοῦσα τῆς προαιρέσεως ἐκ τῶν πλοκάμων ἕνα τῶν δρακόντων ἀπέσπασεν καὶ ἐπὶ τὸν ὑπερήφανον ἔβαλεν· ὁ δὲ ὄφις τοῖς κόλποις περισφίγξας αὐτὸν ἀνεῖλεν Ἀστερίου ποιμαίνοντα (ποιμαίνοντος) ἐν ταῖς ἀκρωρείαις. κατὰ δὲ πρόνοιαν θεῶν τὸ ὄρος ἀπ' αὐτοῦ μετωνομάσθη Κιθαιρὼν, καθὼς ἱστορεῖ Λέων ὁ Βυζάντιος ἐν τοῖς Βοιωτιακοῖς.

(3) Ἑρμησιάναξ δὲ ὁ Κύπριος ἱστορίας μέμνηται τοιαύτης. Ἑλικὼν καὶ Κιθαιρὼν ἀδελφοὶ τυγχάνοντες διαφόρους ἔσχον τῶν τρόπων τὰς διαθέσεις· ὁ μὲν γὰρ Ἑλικὼν πρᾳότερος ὑπάρχων καὶ προσηνὴς, συμπαθῶς γηροβόσκει τοὺς γονεῖς· ὁ δὲ Κιθαιρὼν πλεονέκτης τυγχάνων καὶ θέλων εἰς ἑαυτὸν μεταστῆσαι τὴν οὐσίαν, πρῶτον μὲν ἐφόνευσεν τὸν γεννήσαντα, τὸν δὲ ἀδελφὸν ἐξ ἐνέδρας κατακρημνίζων, καὶ αὐτὸς συγκατηνέχθη· κατὰ δὲ θεῶν πρόνοιαν εἰς ὁμώνυμα ὄρη μεταμορφωθέντες ἐγένοντο Κιθαιρὼν μὲν διὰ τὴν ἀσέβειαν Ἐρινύων μυχός (μῦθος), Ἑλικὼν δὲ διὰ φιλοστοργίαν Μουσῶν ἐνδιαίτημα.

3. ΕΒΡΟΣ

(1) Ἕβρος ποταμός ἐστι τῆς Θρᾴκης. <ἐτὴν> προσηγορίαν εἴληφὼς ἀπὸ τῆς συστροφῆς τῆς καταφορᾶς τοῦ ὕδατος. Κάσανδρος δὲ, ὁ βασιλεὺς τῶν τόπων, γήμας Κροτονίκην (κροτωνίκην) ἐγέννησεν ἐξ αὐτῆς υἱὸν Ἕβρον· ἀποταξάμενος

von Eurythemiste und verschwand. Boiotos verstand, was das bedeutete, heiratete das Mädchen und benannte den Berg aus diesem Umstand in Asterios.

Später wurde er aus einem Grund folgender Art Kithairon genannt: Als Tisiphone, eine der Erinyen, dem Begehren nach einem hübschen Jungen namens Kithairon verfallen war und der Intensität ihrer erotischen Begierden nicht widerstehen konnte, schickte sie ihm Nachrichten über ein Stelldichein. Entsetzt über die Abscheulichkeit der Vorgenannten hielt er sie einer Antwort für unwürdig. Und sie, in ihrem Vorhaben behindert, riss eine der Schlangen aus ihren Locken und warf sie auf den überheblichen Jungen. Die Schlange schlängelte sich fest um seine Brust und tötete ihn, als er die Herden auf den Gipfeln des Asterios hütete. Und durch die Bedachtsamkeit der Götter wurde der Berg nach ihm in Kithairon umbenannt, wie Leon von Byzantion in den *Boiotika* berichtet.

(3) Hermesianax von Kypros überliefert einen Bericht folgender Art: Helikon und Kithairon, zufällig Brüder, hatten unterschiedliche Charaktereigenschaften. Helikon nämlich, der mild und sanftmütig war, kümmerte sich liebevoll um die Eltern in ihr hohes Alter, Kithairon aber, der gierig war und sich deren Reichtum aneignen wollte, ermordete zuerst seinen Vater, stieß dann aber seinen Bruder aus dem Hinterhalt in einen Abgrund und wurde selbst mit ihm in die Tiefe gerissen. Durch die Bedachtsamkeit der Götter verwandelten sie sich in gleichnamige Berge: Der Kithairon wurde durch die Pietätlosigkeit zum Wohnsitz der Erinyen, der Helikon durch die liebevolle Zuneigung zum Wohnsitz der Musen.

3. HEBROS

(1) Hebros ist ein Fluss in Thrakien. Seinen Zunamen erhielt er von der wirbelnden Strömung des Wassers: Kasandros, der König der Gegend, zeugte nach seiner Heirat mit Krotone einen Sohn, den Hebros. Nachdem er nach der Geburt des

δὲ τῇ συμβιώσει τῆς προτέρας γυναικὸς ἐπέγημε τῷ τέκνῳ Δαμασίππην τὴν Ἄτρακος· ἥτις εἰς ἐπιθυμίαν ἐμπεσοῦσα τοῦ προγόνου λόγους αὐτῷ περὶ συνόδων ἀπέστειλεν. ὁ δ' ὡς Ἐρινὺν φυγὼν τὴν μητρυιὰν προσηυκαίρει κυνηγίαις (γυναικίαις). ἀποτυχοῦσα δὲ τῆς προαιρέσεως ἡ ἀσελγὴς κατεψεύσατο τοῦ σώφρονος, ὡς βιάσασθαι αὐτὴν θελήσαντος. Κάσανδρος δὲ τῷ ζήλῳ συμπεριενεχθεὶς μεθ' ὁρμῆς ἐπὶ τὴν ὕλην ἤχθη καὶ σπασάμενος τὸ ξίφος ἐδίωκε τὸν υἱόν, ὡς ἐπίβουλον τῶν πατρῴων γάμων. ὁ δὲ υἱὸς περικατάληπτος γενόμενος ἑαυτὸν ἔρριψεν εἰς ποταμὸν Ῥόμβον, ὃς ἀπ' αὐτοῦ Ἕβρος μετωνομάσθη, καθὼς ἱστορεῖ Τιμόθεος ἐν ια' περὶ Ποταμῶν.

(2) ὄρος δὲ αὐτῷ παράκειται Παγγαῖον τὴν προσηγορίαν ἔχον δι' αἰτίαν τοιαύτην. ὁ Παγγαῖος, Ἄρεως καὶ Κριτοβούλης παῖς, τῇ θυγατρὶ κατ' ἄγνοιαν συγγενόμενος ἀθυμίᾳ συσχεθεὶς ἔδραμεν εἰς Καρμάνιον ὄρος, καὶ διὰ λύπης ὑπερβολὴν σπασάμενος τὸ ξίφος ἑαυτὸν ἀνεῖλεν· κατὰ δὲ πρόνοιαν θεῶν ὁ τόπος μετωνομάσθη Παγγαῖος.

(3) γεννᾶται δὲ ἐν αὐτῷ τῷ προειρημένῳ ποταμῷ βοτάνη παρόμοιος ὀριγάνῳ, ἧς τὰ ἄκρα δρεψάμενοι Θρᾷκες, ἐπιτιθέασιν πυρὶ μετὰ τὸν κόρον τῆς Δημητριακῆς τροφῆς, καὶ τὴν ἀναφερομένην ἀναθυμίασιν δεχόμενοι ταῖς ἀναπνοιαῖς καροῦνται καὶ εἰς βαθὺν ὕπνον καταφέρονται.

(4) γεννᾶται δὲ καὶ ἐν τῷ Παγγαίῳ ὄρει βοτάνη κιθάρα καλουμένη διὰ ταύτην τὴν αἰτίαν. <αἱ> διασπαράξασαι τὸν Ὀρφέα τὰ μέλη τοῦ προειρημένου εἰς ποταμὸν ἔβαλον Ἕβρον· καὶ ἡ μὲν κεφαλὴ τοῦ θνητοῦ κατὰ πρόνοιαν θεῶν εἰς δράκοντα μετέβαλεν τὴν μορφὴν τοῦ σώματος· ἡ δὲ λύρα κατηστερίσθη (κατεστερίχθη) κατὰ προαίρεσιν Ἀπόλλωνος· ἐκ δὲ τοῦ ῥεύσαντος αἵματος ἀνεφάνη βοτάνη κιθάρα καλουμένη. τῶν δὲ Διονυσίων τελουμένων αὕτη κιθάρας ἀναδίδωσιν ἦχον· οἱ

Kindes nicht mehr mit seiner früheren Frau zusammenlebte, heiratete er Damasippe, die Tochter des Atrax. Aus Begehren nach dem früheren Nachwuchs schickte sie ihm Nachrichten über ein Stelldichein. Und er, der vor seiner Stiefmutter wie vor ein Erinys geflohen war, ergriff die gute Gelegenheit, sich auf die Jagd zu begeben. Die zügellose Frau war in ihrem Vorhaben enttäuscht und verleumdete den besonnenen Jungen, er habe sie vergewaltigen wollen. Kasandros, von Eifersucht gepackt, ging voller Eifer in den Wald. Er zog sein Schwert und verfolgte seinen Sohn, als ob sich dieser sich gegen die Ehe seines Vaters verschworen hätte. In die Enge getrieben, stürzte sich der Sohn in den Fluss Rhombos (Strudel), der nach ihm in Hebros umbenannt wurde, wie Timotheos in *Über Flüsse*, Buch 2, berichtet.

(2) Ein Berg liegt neben diesem; er trägt den Zunamen Pangaios aus einem Grund folgender Art: Pangaios, der Sohn von Ares und Kritobule, lief, nachdem er unwissentlich mit seiner Tochter Geschlechtsverkehr hatte und von Verzweiflung überwältigt wurde, zum Berg Karmanios, zog in übermäßigem Kummer sein Schwert und tötete sich. Und durch die Bedachtsamkeit der Götter wurde der Ort in Pangaios umbenannt.

(3) Hervorgebracht wird in dem vorgenannten Fluss eine Pflanze, die dem Oregano ähnelt; deren Spitzen legen die Thraker, wenn sie sie abgeschnitten haben, nach der Sättigung mit der Nahrung der Demeter auf ein Feuer; durch die Ausdünstungen, die in den Dämpfen enthalten sind, werden sie berauscht und fallen in einen tiefen Schlaf.

(4) Hervorgebracht wird auch in im Berg Pangaios eine Pflanze, die aus dem folgenden Grund Kithara (Leier) genannt wird: Nachdem die (Frauen) Orpheus erschlagen hatten, warfen sie die Gliedmaßen des Vorgenannten in den Fluss Hebros. Der Kopf des Toten nahm durch die Bedachtsamkeit der Götter die Gestalt einer Schlange an. Die Kithara wurde nach Apollons Plan zu einem Sternbild und aus dem Blut, das geflossen war, entstand eine Pflanze namens Kithara. Sie gibt den Klang einer Kithara ab. Und die Einheimischen, die sich

δ' ἐγχώριοι νεβρίδας περιβεβλημένοι καὶ θύρσους κρατοῦντες ὕμνον ᾄδουσιν·

μὴ τότε φρονήσῃς, ὅταν ἔσῃ μάτην φρονῶν·
(καὶ τότε φρονήσει, ὅταν εσηματην φρονῶν)

καθὼς ἱστορεῖ Κλειτώνυμος ἐν τῷ γ' τῶν Θρᾳκικῶν (τραγικῶν).

4. ΓΑΓΓΗΣ

(1) Γάγγης ποταμός ἐστι τῆς Ἰνδίας, τὴν προσηγορίαν λαβὼν δι' αἰτίαν τοιαύτην. Ἰνδῷ τις Καλαυρία νύμφη ἐγέννησεν υἱὸν κάλλει περίβλεπτον, τοὔνομα Γάγγην. οὗτος καρηβαρήσας τῇ μητρὶ κατ' ἄγνοιαν συνεγένετο τῇ διαπιθούσῃ (διοπιθούσῃ). ὁ δὲ μεθ' ἡμέρας τῶν ἡμερῶν παρὰ τῆς τροφοῦ μαθὼν τὴν ἀλήθειαν διὰ λύπης ὑπερβολὴν ἑαυτὸν ἔρριψεν εἰς ποταμὸν Χλιαρὸν καλούμενον, ὃς ἀπ' αὐτοῦ Γάγγης μετωνομάσθη.

(2) γεννᾶται δὲ παρ' αὐτῷ βοτάνη παραπλησία βουγλώσσῳ, ἣν ἀεὶ τριβοῦντες τὸν χυλὸν αὐτῆς τηροῦσιν, καὶ νυκτὸς βαθείας τοὺς φωλεοὺς τῶν τίγρεων περιρ<ρ>αίνουσιν· αἱ δὲ διὰ τὴν δύναμιν τῆς ἐκχυθείσης ὑγρασίας (πρασίας) προχωρῆσαι μὴ δυνάμεναι θνήσκουσι, καθὼς ἱστορεῖ Καλλισθένης ἐν γ' τῶν Κυνηγετικῶν.

(3) παράκειται δὲ αὐτῷ ὄρος Ἀνατολὴ καλούμενον δι' αἰτίαν τοιαύτην. Ἀναξιβίαν νύμφην Ἥλιος θεασάμενος χωρίοις προσευκαιροῦσαν εἰς ἐπιθυμίαν αὐτῆς ἐνέπεσεν καὶ μὴ στέγων τὸν ἔρωτα (τῶν ἐρώτων), ἀπεδίωξε τὴν προειρημένην βιάσασθαι βουλόμενος· ἡ δὲ περικατάληπτος γενομένη κατέφυγεν ἐπὶ τὸ τῆς Ὀρθίας Ἀρτέμιδος τέμενος, ὅπερ ἦν ἐν ὄρει Κορύφῃ καλουμένῳ, καὶ ἀφανὴς ἐγένετο· κατόπιν δ' ἀκολουθήσας ὁ θεὸς καὶ μηδαμοῦ τὴν ἀγαπωμένην εὑρὼν διὰ λύπης ὑπερβολὴν ἐκεῖθεν ἀνέτειλεν· οἱ δὲ ἐγχώριοι τὴν ἀκρώρειαν

Kitzfelle angezogen und Thyrsoi ergriffen haben, singen einen Hymnos:

> Sei nicht dann klug, wenn du umsonst klug bist,

wie Kleitonymos in den *Thrakika*, Buch 3, berichtet.

4. GANGES

(1) Ganges ist ein Fluss in Indien, der seinen Zunamen aus einem Grund folgender Art erhielt: Dem Indos gebar eine gewisse Kalauria, eine Nymphe, einen Sohn, der sich durch seine Schönheit auszeichnete und Ganges hieß. Im Rausch hatte er unwissentlich Geschlechtsverkehr mit seiner Mutter, die verführt worden war. Nachdem er in den folgenden Tagen von der Amme die Wahrheit erfahren hatte, stürzte er sich in übermäßigem Kummer in einen Fluss namens Chliaros, der nach ihm in Ganges umbenannt wurde.

(2) Hervorgebracht wird in ihm eine einer Ochsenzunge ähnliche Pflanze, die sie fein reiben und deren Saft sie bewahren, und in der Tiefe der Nacht schütten sie ihn um die Höhlen der Tiger. Diese können durch die Kraft der ausgegossenen Flüssigkeit nicht mehr hervorkommen und sterben, wie Kallisthenes in den *Kynegetika*, Buch 3, berichtet.

(3) Es liegt neben diesem ein Berg, der aus einem Grund folgender Art Anatole (Aufstieg) genannt wird: Als Helios sah, wie Anaxibia, eine Nymphe, sich mit Tänzen vergnügte, verfiel er in erotisches Begehren nach ihr; dem Verlangen nachgebend, verfolgte er die Vorgenannte und wollte sie vergewaltigen. In die Enge getrieben, floh sie in den Bezirk der Artemis Orthia, der auf einem Berg namens Koryphe lag, und verschwand. Der Gott, der ihr gefolgt war und sie nicht gefunden hatte, stieg in übermäßigem Kummer von dort hinauf. Die Einheimischen

Ἀνατολὴν μετωνόμασαν ἀπὸ τοῦ συγκυρήματος, καθὼς ἱστορεῖ Καιμάρων ἐν δεκάτῳ Ἰνδικῶν.

5. ΦΑΣΙΣ

(1) Φᾶσις (φάσις) ποταμός ἐστι τῆς Σκυθίας παραρ<ρ>έων πόλιν· ἐκαλεῖτο δὲ τὸ πρότερον Ἀρκτοῦρος τὴν προσηγορίαν εἰληφὼς διὰ τὴν χωροθεσίαν τῶν κατεψυγμένων τόπων· μετωνομάσθη δὲ δι' αἰτίαν τοιαύτην. Φᾶσις Ἡλίου καὶ Ὀκυρρόης (ὠκυρόης) τῆς Ὠκεανοῦ παῖς τὴν μητέρα μοιχευομένην ἐπ' αὐτοφώρῳ καταλαβὼν ἀνεῖλεν· κατὰ δὲ ἐπιφάνειαν Ἐρινύων οἰστροπλὴξ γενόμενος ἑαυτὸν ἔρριψεν εἰς τὸν Ἀρκτοῦρον, ἀπ' αὐτοῦ δὲ Φᾶσιν (φάσιν) μετωνομασμένον.

(2) γεννᾶται δ' ἐν τῷ ποταμῷ ῥάβδος ὀνομαζομένη λευκόφυλλος· εὑρίσκεται δὲ τοῖς μυστηρίοις τῆς Ἑκάτης περὶ τὸν ὄρθρον πρὸς πα<ια>νισμὸν ἔνθεον αὐτοῦ περὶ τὴν ἀρχὴν τοῦ ἔαρος· ἣν οἱ ζηλότυποι τῶν ἀν δρῶν δρεπόμενοι ῥίπτουσι περὶ τὸν παρθένιον θάλαμον καὶ ἀνόθευτον τηροῦσι τὸν γάμον. ἐάν τι<ς> προπετέστερον ἀποστραφῇ τῶν ἀσεβεστέρων διὰ μέθην καὶ εἰς τὸν τόπον εἰσέλθῃ, τῶν σωφρονούντων ἀφαρπάζεται λογισμῶν καὶ εὐθὺς ὁμολογεῖ πᾶσιν, ὅσα παρανόμως ἢ ἔπραξεν ἢ μέλλει πράττειν. οἱ δὲ παρατυγχάνοντες συλλαμβάνοντες ῥίπτουσιν ἐμβεβυρσωμένον εἰς τὸ καλούμενον Στόμιον τῶν ἀσεβῶν. ἔστι δὲ στρογγυλοειδὲς, φρέατι παραπλήσιον. ἐκδίδωσι δὲ τὸ βληθὲν μετὰ λ' ἡμέρας εἰς τὴν Μαιῶτιν λίμνην σκωλήκων (σκωλίκων) γέμον. γῦπες δ' αἰφνιδίως ἐπιφανέντες ἀόρατοι τὸ[μὲ]ν ἐγκείμενον διαρπάζουσι, ὡς ἱστορεῖ Κτήσιππος ἐν β' Σκυθικῶν.

(3) παράκειται δὲ τὸ Καυκάσιον ὄρος· ἐκαλεῖτο δὲ τὸ πρότερον Βορέου κοίτη δι' αἰτίαν τοιαύτην. Βορέας δι' ἐρωτικὴν ἐπιθυμίαν Χιόνην (χώνην) ἁρπάσας τὴν Ἀρκτούρου θυγατέ-

nannten den Gipfel aus diesem Umstand in Anatole (Aufstieg) um, wie Kaimaron in den *Indika*, Buch 10, berichtet.

5. PHASIS

Zu 5,2 vgl. Ar. 158.

(1) Phasis ist ein Fluss in Skythien, der in der Nähe einer Stadt fließt. Er wurde früher Arkturos genannt, da er diesen Zunamen aufgrund der Lage der kühlen Gegend erhalten hat (*arktos*, Norden). Er wurde aus einem Grund folgender Art umbenannt: Phasis, ein Kind von Helios und Okyrrhoë, der Tochter des Okeanos, ertappte seine Mutter beim Ehebruch und tötete sie. Und nachdem er infolge einer Epiphanie der Erinyen wahnsinnig geworden war, stürzte er sich in den Arkturos, der nach ihm in Phasis umbenannt wurde.

(2) Hervorgebracht wird in dem Fluss ein Schilfrohr namens Leukophyllos (Weißblatt). Gefunden wird es während der Mysterien der Hekate um die Morgendämmerung, wenn dort ein göttlich inspirierter Lobgesang gesungen wird, zu Beginn des Frühlings. Männer, die eifersüchtig sind, pflücken das Schilfrohr und werfen es um das Brautgemach, um die Ehe vor Ehebruch zu schützen. Wenn einer von den recht Pietätlosen sich durch Trunkenheit zu leichtsinnig abwendet und den Ort betritt, wird er besonnener Überlegungen beraubt und gesteht sofort all die Dinge, die er unrechtmäßig getan hat oder tun wird. Und nachdem die Anwesenden ihn ergriffen haben, werfen sie ihn, in Felle eingewickelt, in den sogenannten Mund der Pietätlosen (*stomion ton asebon*). Dieser ist kreisförmig und ähnelt einem Brunnen. Nach 30 Tagen entlässt er das Hineingeworfene voller Würmer in den Maiotischen See (das Asowsche Meer). (Zuvor) unsichtbare Geier, die plötzlich erschienen sind, zerreißen dann den darin Liegenden, wie Ktesippos in den *Skythika*, Buch 2, berichtet.

(3) Es liegt neben diesem der Berg Kaukasos. Er wurde früher aus einem Grund folgender Art Boreas' Ehebett (*Borëu koite*) genannt: Als Boreas Chionis, die Tochter des Arkturos,

ρα κατήνεγκεν εἴς τινα λόφον Νιφάντην καλούμενον καὶ ἐγέννησεν ἐκ τῆς προειρημένης υἱὸν Ὕρπακα τὸν διαδεξάμενον Ἡνιόχου τὴν βασιλείαν. μετωνομάσθη δὲ τὸ ὄρος Κοίτη Βορέου.

προσηγορεύθη δὲ Καύκασος διὰ περίστασιν τοιαύτην. μετὰ τὴν γιγαντομαχίαν Κρόνος ἐκκλίνων τὰς Διὸς ἀπειλὰς ἔφυγεν εἰς τὴν ἀκρώρειαν Βορέου Κοίτης· καὶ εἰς κροκόδειλον μεταμορφωθεὶς ἕνα τῶν ἐγχωρίων ποιμένα Καύκασον ἀναπαύων καὶ κατανοήσας αὐτοῦ τὴν διάθεσιν τῶν σπλάγχνων, εἶπεν οὐ μακρὰν εἶναι τοὺς πολεμίους. ὁ δὲ Ζεὺς ἐπιφανεὶς τὸν μὲν πατέρα δήσας πλεκτῷ ἐρίῳ κατεταρτάρωσεν· τὸ δὲ ὄρος εἰς τιμὴν τοῦ ποιμένος Καύκασος μετονομάσε καὶ (μετωνομασθεὶς) προσέδησεν αὐτῷ τὸν Προμηθέα καὶ ἠνάγκασεν αὐτὸν ὑπὸ σπλαγχνοφάγου ἀετοῦ βασανίζεσθαι, ὅτι παρηνόμησεν εἰς τὰ σπλάγχνα, ὡς ἱστορεῖ Κλεάνθης ἐν γ' Θεομαχίας [γεγραφώς].

(4) γεννᾶται δ' ἐν αὐτῷ βοτάνη Προμήθειος καλουμένη, ἣν Μήδεια συλλέγουσα καὶ λειοτριβοῦσα πρὸς ἀντιπαθείας τοῦ πατρὸς ἐχρήσατο, καθὼς ἱστορεῖ ὁ αὐτός.

6. ΑΡΑΡ

(1) Ἄραρ ποταμός ἐστι τῆς Κελτικῆς, τὴν προση γορίαν εἰληφὼς παρὰ τὸ ἡρμόσθαι τῷ Ῥοδανῷ· καταφέρεται γὰρ εἰς τοῦτον κατὰ τὴν χώραν τῶν Ἀλλοβρόγων. ἐκαλεῖτο δὲ πρότερον Βρίγουλος· μετωνομάσθη δὲ δι' αἰτίαν τοιαύτην. Ἄραρ κυνηγεσίας χάριν εἰς ὕλην προχωρήσας καὶ εὑρὼν τὸν ἀδελφὸν Κελτίβηρον ὑπὸ θηρίων ἀνηλωμένον, διὰ λύπης ὑπερβολὴν ἑαυτὸν καιρίως πλήξας ἔβαλεν εἰς τὸν ποταμὸν Βρίγουλον, ὃς ἀπ' αὐτοῦ μετωνομάσθη Ἄραρ.

aus erotischem Begehren entführt hatte, trug er sie hinab zu einem bestimmten Gipfel namens Niphantes und zeugte mit der Vorgenannten einen Sohn, Hyrpax, der das Reich des Heniochos erhielt. Und der Berg wurde in Boreas' Ehebett umbenannt.

Den Zunamen Kaukasos erhielt er durch den folgenden Umstand: Nach dem Kampf der Giganten floh Kronos vor den Drohungen des Zeus auf die Bergspitze von Boreas' Ehebett. Nachdem er sich in ein Krokodil verwandelt hatte, machte er einem der Einheimischen, dem Hirten Kaukasos, ein Ende, und nachdem er die Anordnung der Eingeweide beobachtet hatte, sagte er, dass die Feinde nicht weit entfernt seien. Zeus erschien, fesselte seinen Vater mit geflochtener Wolle und schleuderte ihn in den Tartaros. Als dieser zu Ehren des Hirten in Kaukasos umbenannt worden war, fesselte er Prometheus an den Berg und zwang ihn, von einem Eingeweide fressenden Adler gequält zu werden, weil er eine unerlaubte Handlung an den Eingeweiden begangen hatte, wie Kleanthes in *Theomachia*, Buch 3, berichtet.

(4) Hervorgebracht wird in ihm eine Pflanze namens Prometheios, die Medeia, nachdem sie sie gepflückt und fein zerrieben hatte, gegen die Feindseligkeiten ihres Vaters einsetzte, wie derselbe berichtet.

6. ARAR

Zu 6,1–3 vgl. Stob. 16; zu 6,2 Joh. Lyd. 3,11.

(1) Arar ist ein Fluss aus der keltischen Region, der diesen Namen erhielt, weil er sich mit dem Rhodanos (Rhone) vereinigte (*hermosthai*, von *harmozo*). Er mündet nämlich in das Gebiet der Allobroger. Er wurde früher Brigulos genannt; umbenannt wurde er aus einem Grund folgender Art: Als Arar um der Jagd willen in den Wald ging und seinen Bruder Keltiberos von wilden Tieren getötet vorfand, stürzte er, nachdem er in übermäßigem Kummer sich selbst tödlich verletzt hatte, in den Fluss Brigulos, der nach ihm in Arar umbenannt wurde.

(2) γεννᾶται δὲ ἐν αὐτῷ μέγας ἰχθὺς, σκολοπίδος προσαγορευόμενος ὑπὸ τῶν ἐγχωρίων· οὗτος αὐξανομένης τῆς σελήνης λευκός ἐστιν· μειουμένης δὲ μέλας γίνεται παντελῶς· ὑπεραυξήσας δὲ ἀναιρεῖται ὑπὸ τῶν ἰδίων ἀκανθῶν.

(3) εὑρίσκεται δ' ἐν τῇ κεφαλῇ αὐτοῦ λίθος χόνδρῳ παρόμοιος <ἁλὸς>, ὃς κάλλιστα ποιεῖ πρὸς τεταρταίους νόσους, τοῖς ἀριστεροῖς μέρεσι τοῦ σώματος προσδεδεμένος τῆς σελήνης μειουμένης, καθὼς ἱστορεῖ Καλλισθένης ὁ Συβαρίτης ἐν ιγ' Γαλατικῶν, παρ' οὗ τὴν ὑπόθεσιν εἴληφεν Τιμαγένης ὁ Σύρος.

(4) παράκειται δὲ αὐτῷ ὄρος Λούγδουνος (λούσδουλος) καλούμενον· μετωνομάσθη δὲ δι' αἰτίαν τοιαύτην. Μώμορος καὶ Ἀτεπόμαρος, ὑπὸ Σεσηρονέως τῆς ἀρχῆς ἐκβληθέντες, εἰς τοῦτον κατὰ προσταγὴν τὸν λόφον πόλιν κτίσαι θέλοντες. τῶν δὲ θεμελίων ὀρυσσομένων αἰφνιδίως κόρακες ἐπιφανέντες καὶ διαπτερυξάμενοι, τὰ πέριξ ἐπλήρωσαν τὰ δένδρα. Μώμορος δὲ οἰωνοσκοπίας ἔμπειρος ὑπάρχων, τὴν πόλιν Λούγδουνον (λούσδουλος) προσηγόρευσεν. Λοῦγον γὰρ τῇ σφῶν διαλέκτῳ τὸν κόρακα καλοῦσι, δοῦνον (λοῦγλον) δὲ τό<πο>ν ἐξέχοντα, καθὼς ἱστορεῖ Κλειτοφῶν ἐν ιγ' Κτίσεων.

7. ΠΑΚΤΩΛΟΣ

(1) Πακτωλὸς ποταμός ἐστι τῆς Λυδίας κατὰ πόλιν Σάρδεις. ἐκαλεῖτο δὲ πρότερον Χρυσορ<ρ>όας. Χίος ὁ Ἀπόλλωνος καὶ Ἀγαθίππης (ἀπαθίππης) παῖς τὴν μηχανικὴν τέχνην ἀσκήσας καὶ σπάνει βίου συνεχόμενος, νυκτὸς βαθείας τοὺς θησαυροὺς Κροίσου τοῦ βασιλέως ἀνέῳξεν καὶ τὸν χρυσὸν ἐκκομίζων διεδίδου τοῖς οἰκείοις· καταδιωχθεὶς δὲ ὑπὸ τῶν φρουρῶν καὶ κατάληπτος γενόμενος, ἑαυτὸν ἔρριψεν εἰς ποταμὸν, ὃς ἀπ' αὐτοῦ Χρυσορρόας μετωνομάσθη.

(2) Hervorgebracht wird in ihm ein großer Fisch, der von den Einheimischen Skolopidos genannt wird. Dieser ist bei zunehmendem Mond weiß, wird aber bei abnehmendem Mond ganz schwarz. Wenn er über die Maßen gewachsen ist, wird er von seinen eigenen Stacheln getötet.

(3) Gefunden wird in seinem Kopf ein Stein, der einem Salzkorn ähnelt; dieser ist bei Viertage-Fiebern sehr wirksam, wenn er bei abnehmendem Mond auf die linken Körperteile aufgebunden wird, wie Kallisthenes von Sybaris in *Galatika*, Buch 13, berichtet, von dem Timagenes der Syrer das Thema übernommen hat.

(4) Es liegt neben diesem ein Berg namens Lugdunos. Er wurde aus einem Grund folgender Art umbenannt: Momoros und Atepomaros, die von Seseroneus aus dem Reich vertrieben worden waren, hatten die Absicht, auf diesem Hügel eine Stadt zu gründen, und zwar gemäß einer Verfügung. Während die Fundamente ausgehoben wurden, erschienen plötzlich Raben und flogen in den Bäumen umher. Und Momoros, der in der Vogelschau erfahren war, nannte die Stadt Lugdunos, denn in ihrem Dialekt nennen sie den Raben *lugos* und einen markanten Punkt *dunos*, wie Kleitophon in den *Gründungen*, Buch 13, berichtet.

7. PAKTOLOS

Zu 7,6 vgl. Ar. 174.

(1) Paktolos ist ein Fluss in Lydien in der Nähe der Stadt Sardeis. Er wurde früher Chrysorrhoas (Goldfluss) genannt. Chios, ein Sohn des Apollon und der Apathippe, übte sich in der mechanischen Kunst und wurde von einem Mangel an Lebensunterhalt bedrängt. Er öffnete in der Nacht die Schatzkammern des Königs Kroisos, nahm das Gold (*chrysos*) an sich und verteilte es an die Mitglieder seines Haushalts. Als er von den Wachen überrascht und ergriffen wurde, stürzte er sich in einen Fluss, der nach ihm in Chrysorrhoas umbenannt wurde.

Πακτωλὸς δὲ μετεκλήθη διὰ τήνδε τὴν περίστασιν. Πακτωλὸς, Ποσειδῶνος (οειολιος) καὶ Λευκοθέης παῖς, ἐν τοῖς Ἀφροδίτης μυστηρίοις Δημοδίκην τὴν ἀδελφὴν κατ' ἄγνοιαν βιασάμενος καὶ περὶ τῶν συμβεβηκότων κατηχηθεὶς διὰ λύπης ὑπερβολὴν ἑαυτὸν ἔρριψεν εἰς ποταμὸν Χρυσορρόαν, ὃς ἀπ' αὐτοῦ Πακτωλὸς προσηγορεύθη.

(2) γεννᾶται δ' ἐν αὐτῷ ψῆγμα Δαρείου χρυσίου καταφερόμενον (καταφερόμενος) εἰς τὸν Εὐδαίμονα κόλπον.

(3) γεννᾶται δ' ἐν αὐτῷ καὶ λίθος ἀρουραφύλαξ καλούμενος· ἔστι δὲ ἀργύρῳ παρόμοιος· εὑρίσκεται δὲ δυσχερῶς τῷ καταφερομένῳ ψήγματι συναναμιγνύμενος· ἔχει δὲ δύναμιν τοιαύτην. οἱ ἐν ἐξοχῇ τυγχάνοντες τῶν Λυδῶν συναγοράζουσιν αὐτὸν (αὐτοῦ) καὶ πρὸ τῆς εἰσόδου τῶν θησαυρῶν τιθέασι, καὶ διαφυλάττουσιν ἀκινδύνως τὸν διατιθέμενον χρυσόν. ὁσάκις γὰρ ἂν οἱ (ἄνω) φῶρες ἐπέλθωσι, σάλπιγγος ἦχον ἀναδίδωσιν ὁ λίθος. οἱ δὲ, ὡς ὑπὸ δορυφόρων διωκόμενοι, κατὰ κρημνῶν φέρονται. καὶ καλεῖται ὁ τόπος τῶν βιαιοθανατησάντων Πακτωλοῦ φρουρά.

(4) γεννᾶται δὲ βοτάνη πορφυράνθεμος, καλουμένη χρυσοπόλις (χρυσοπόλη)· πρὸς αὐτὴν γὰρ αἱ ἀστυγείτονες πόλεις τὸν ἀκέραιον χρυσὸν δοκιμάζουσιν. ἅμα γὰρ αὐτὸν χωνευθῆναι ἅπτουσι τὴν βοτάνην· καὶ ἐὰν μὲν ἀνόθευτον τὸ χρυσίον ᾖ, τὰ φύλλα χρυσοῦται· ἐὰν δ' ἐφθαρμένον ὑπάρχῃ, τὴν ἠλλαγμένην ὑγρασίαν ἀποπτύει, καὶ διατηρεῖ τῆς ὕλης τὴν οὐσίαν, καθὼς ἱστορεῖ Χρύσερμος ἐν γ' περὶ Ποταμῶν.

(5) παράκειται δὲ αὐτῷ ὄρος Τμῶλος, παντοδαπῶν θηρίων πλῆρες (πλήρης)· ἐκαλεῖτο δὲ πρότερον Καρμανόριον (Καρμανώριον) ἀπὸ Καρμάνορος (Καρμανώριον) τοῦ Διονύσου καὶ Ἀλεξιρ<ρ>οίας παιδὸς, ὃς κυνηγετῶν ἀπέθανεν ὑπὸ κάπρου πληγείς· ὕστερον δὲ μετωνομάσθη Τμῶλος διὰ τοιαύτην αἰτίαν. Τμῶλος Ἄρεως καὶ Θεογόνης υἱὸς, βασιλεὺς Λυδίας, ἐν Καρμαν<ορ>ίῳ κυνηγετῶν ὄρει καὶ θεασάμενος

In Paktolos umbenannt wurde er später aufgrund des folgenden Umstands: Paktolos, der Sohn des Poseidon und der Leukothea, stürzte sich, nachdem er während der Mysterien der Aphrodite unwissentlich seine Schwester Demodike vergewaltigt hatte und über das Geschehen informiert worden war, in übermäßigem Kummer in den Fluss Chrysorrhoas, der dann nach ihm den Zunamen Paktolos erhielt.

(2) Hervorgebracht wird in ihm der Staub des Goldes von Dareios, der in die Glückliche Bucht (*Eudaimon kolpos*) getragen wird.

(3) Hervorgebracht wird in ihm auch ein Stein namens Aruraphylax (Grenzwache). Er ist dem Silber ähnlich. Gefunden wird er nur schwer, da er mit dem flussabwärts getragenen Staub vermischt ist. Er hat eine Kraft der folgenden Art: Die prominenten Lyder kaufen ihn und platzieren ihn vor dem Eingang der Schatzkammern, und sie bewachen das dort deponierte Gold ohne Risiko. Sobald sich nämlich Diebe nähern, gibt der Stein den Klang einer Trompete von sich. Als würden sie von Wächtern verfolgt, stürzen sie sich die Klippen hinab. Und der Ort derer, die so eines gewaltsamen Todes gestorben sind, wird Paktolos' Wache (*Paktolu phrura*) genannt.

(4) Hervorgebracht wird eine Pflanze mit einer purpurnen Blüte, die Chrysopolis (Goldstadt) genannt wird. An ihr prüfen nämlich die benachbarten Städte das unvermischte Gold (*chryson*). Wenn es gegossen wird, tauchen sie nämlich die Pflanze hinein. Und wenn das Gold nicht unrein ist, werden die Blätter zu Gold , wenn es jedoch verdorben ist, verschmähen sie die verfälschte Flüssigkeit und behalten die Essenz der Substanz, wie Chrysermos in *Über Flüsse*, Buch 3, berichtet.

(5) Es liegt neben diesem der Berg Tmolos, auf dem alle Arten von Tieren leben. Er wurde früher Karmanorios genannt, nach Karmanor, dem Sohn von Dionysos und Alexirrhoia, der auf der Jagd von einem Eber verwundet wurde und starb. Später wurde er aus einem Grund folgender Art in Tmolos umbenannt: Tmolos, Sohn des Ares und der Theogone, König von Lydien, erblickte auf der Jagd auf dem Berg Karmanorios

Ἀρ<ρ>ίππην παρθένον τῇ Ἀρτέμιδι συναναστρεφομένην, εἰς ἐπιθυμίαν αὐτῆς ἔπεσεν καὶ πλεονεκτούμενος ὑπὸ τοῦ ἔρωτος ἐπεδίωκεν αὐτὴν βιάσασθαι βουλόμενος· ἡ δὲ περικατάληπτος γινομένη ἀπέφυγεν εἰς τὸν ναὸν τῆς Ἀρτέμιδος. καταφρονήσας δὲ τῆς δεισιδαιμονίας ὁ τύραννος ἐν τῷ τεμένει τὴν κόρην ἔφθειρεν (παρέτριψεν)· ἡ δὲ ἀθυμίᾳ συσχεθεῖσα βρόχῳ τὸν βίον περιέγραψεν. ἀναξιοπαθήσασα δὲ ἐπὶ τοῖς πραχθεῖσιν ἡ θεὸς, οἰστροπλῆγα τῷ προειρημένῳ ταῦρον ἐπέσκηψεν, ὑφ' οὗ ῥιφεὶς εἰς ὕψος καὶ εἰς σκόλοπας κατενεχθεὶς, μετὰ βασάνων ἔθανεν. Θεοκλύμενος δὲ, τοῦ προειρημένου παῖς, τὸν γεννήσαντα θάψας τὸ ὄρος ἀπ' αὐτοῦ μετωνόμασεν.

(6) γεννᾶται δὲ ἐν αὐτῷ λίθος κισήρει παρόμοιος καὶ σπανίως εὑρίσκεται· τετράκις γὰρ τῆς ἡμέρας ἀλλάσσει τὴν χρόαν· βλέπεται δὲ ὑπὸ παρθένων τῶν μὴ τῷ χρόνῳ φρονήσεως ἐχουσῶν· αἱ δὲ ὥραν ἔχουσαι γάμου (γάμον) ἐὰν ὁρῶσιν αὐτὸν, οὐδὲν ἀδικοῦνται παρὰ τῶν ὑβρίζειν θελόντων· καθὼς ἱστορεῖ Κλειτοφῶν.

8. ΛΥΚΟΡΜΑΣ

(1) Λυκόρμας (Λύκαρμος) ποταμός ἐστιν Αἰτωλίας· μετωνομάσθη δ' Εὔηνος δι' αἰτίαν τοιαύτην. Ἴδας (εἴδας), ὁ Ἀφαρέως παῖς, δι' ἐρωτικὴν ἐπιθυμίαν Μάρπησσαν ἁρπάσας, ἀπήνεγκεν εἰς Πλεύρωνα. κατηχηθεὶς δὲ περὶ τῶν συμβεβηκότων ὁ Εὔηνος, ἐπεδίωκεν τὸν ἐπίβουλον τῆς ἰδίας θυγατρός· γενόμενος δὲ κατὰ Λυκόρμαν (Λυκάρμου) καὶ τῆς συλλήψεως ἀπελπίσας, ἑαυτὸν εἰς ποταμὸν ἔβαλεν, ὃς ἀπ' αὐτοῦ Εὔηνος μετωνομάσθη.

(2) γεννᾶται δ' ἐν αὐτῷ βοτάνη, λόγχῃ παρόμοιος, ποιοῦσα πρὸς ἀμβλυωπίας ἄριστα.

(3) παράκειται δὲ αὐτῷ ὄρος Μύηνον καλούμενον ἀπὸ Μυήνου, τοῦ Τελέστορος καὶ Ἀλφεσιβοίας [τῆς] παιδός. οὗτος γὰρ ὑπὸ τῆς μητρυιᾶς φιλούμενος καὶ μὴ θέλων μιαίνειν

die Arrhippe, eine Jungfrau, die sich bei Artemis aufhielt. Er verliebte sich in sie und verfolgte sie, ergriffen von erotischem Begehren, und wollte sie vergewaltigen. Sie wurde überrumpelt und floh in das Heiligtum der Artemis. Da der Tyrann Gottesfurcht verachtete, schändete er das Mädchen im Heiligtum. Von Verzweiflung überwältigt, markierte sie das Ende ihres Lebens mit einer Schlinge. Empört über das Geschehene, ließ die Göttin einen tobenden Stier auf den Vorgenannten stürzen, der dadurch in die Luft geworfen wurde und, nachdem er auf Pfähle gefallen war, qualvoll starb. Theoklymenos, der Sohn des Vorgenannten, bestatte der den Vater und benannte den Berg nach ihm um.

(6) Hervorgebracht wird in ihm ein Stein, der dem Bimsstein ähnelt und nur selten gefunden wird. Viermal am Tag ändert er seine Farbe. Aber er wird von Jungfrauen gesehen, die noch nicht die Zeit der Einsicht erreicht haben. Diejenigen, die in der rechten Zeit für eine Ehe sind, erleiden, wenn sie ihn sehen, von denen, die sich an ihnen vergehen wollen, keinen Schaden, wie Kleitophon berichtet.

8. LYKORMAS

Zu 8,1–2 vgl. Stob. 17, zu 8,2 Ar. 171.

(1) Lykormas ist ein Fluss in Aitolien. Er wurde aus einem Grund folgender Art in Euenos umbenannt: Idas, der Sohn des Aphareus, hatte Marpessa aus erotischem Begehren entführt und sie nach Pleuron gebracht. Als Euenos erfuhr, was geschehen war, machte er sich auf die Suche nach dem Auflauerer seiner Tochter. Als er an den Lykormas kam und die Hoffnung verlor, ihn zu fassen, stürzte er sich in den Fluss, der nach ihm in Euenos umbenannt wurde.

(2) Hervorgebracht wird in ihm eine Pflanze, die einer Lanze ähnelt und bei Stumpfsichtigkeit wirksam ist.

(3) Es liegt neben diesem ein Berg, der Myenos heißt, nach Myenos, dem Sohn von Telestor und Alphesiboia. Weil er von seiner Stiefmutter geliebt wurde und das Bett seines Va-

τὴν κοίτην τοῦ γεννήσαντος, εἰς Ἄλφιον ὄρος ἀνεχώρησεν. Τελέστωρ δὲ ὁ ζηλωτὴς τῆς γυναικὸς συσσχηματισθεὶς, τὴν ἐρημίαν μετὰ τῶν δορυφόρων κατὰ τοῦ τέκνου ληψόμενος ἐδίωκεν. Μύηνος δὲ φθάσας τοῦ πατρὸς τὰς ἀπειλὰς κατεκρήμνισεν ἑαυτόν. τὸ δ' ὄρος κατὰ πρόνοιαν θεῶν ἀπ' αὐτοῦ Μύηνον μετωνομάσθη.

(4) γεννᾶται δ' ἐν αὐτῷ λευκόϊον ἄνθος, ὃ μητρυιᾶς ὀνομασθείσης μαραίνεται, καθὼς ἱστορεῖ Δέρκυλλος ἐν γ' περὶ Ὀρῶν.

9. ΜΑΙΑΝΔΡΟΣ

(1) Μαίανδρος ποταμὸς τῆς Ἀσίας· ἐκαλεῖτο δὲ πρότερον Ἀναβαίνων· μόνος γὰρ ἐκ πάντων τῶν ποταμῶν ἀπὸ τῶν ἰδίων ἀρχόμενος πηγῶν εἰς ἑαυτὸν παλινδρομεῖ. προσηγορεύθη δὲ Μαίανδρος ἀπὸ Μαιάνδρου, τοῦ Κερκάφου καὶ Ἀναξιβίας παιδὸς, ὃς πρὸς Πεσσινουντίους πόλεμον ἔχων ηὔξατο τῇ μητρὶ τῶν θεῶν, ἐὰν ἐγκρατὴς γένηται τῆς νίκης, θύσειν τὸν πρῶτον αὐτῷ συγχαρέντα ταῖς ἀνδραγαθίαις τρόπαια φέροντι (φέρων). ὑποστρέψαντι δὲ τῷ προειρημένῳ πρῶτος συνεχάρη συναντήσας ὁ παῖς Ἀρχέλαος μετὰ τῆς μητρὸς καὶ τῆς ἀδελφῆς. ὁ δὲ τῆς προειρημένης δεισιδαιμονίας ἀναμνησθεὶς, κατ' ἀνάγκην <τοῖς> βωμοῖς κατήγαγεν τοὺς προσήκοντας. ἀθυμήσας δ' ἐπὶ τοῖς πραχθεῖσιν ἔρριψεν ἑαυτὸν εἰς ποταμὸν Ἀναβαίνοντα, ὃς ἀπ' αὐτοῦ Μαίανδρος προσηγορεύθη, καθὼς ἱστορεῖ Τιμόλαος ἐν α' Φρυγιακῶν. μέμνηται δὲ τούτων καὶ Ἀγαθοκλῆς ὁ Σάμιος ἐν τῇ Πεσσινουντίων πολιτείᾳ.

(2) Δημόστρατος δὲ ὁ Ἀπαμ[ι]εὺς ἱστορίας μέμνηται τοιαύτης. Μαίανδρος ἀκμὴ<ν> στρατηγὸς χειροτονηθεὶς ἐξ ἐναντίας Πεσσινουντίων καὶ παρ' ἐλπίδας τῆς νίκης ἐγκρατὴς γενόμενος, τὰ ἀναθήματα (ἀναθέματα) τῆς μητρὸς τῶν θεῶν διέδωκε τοῖς στρατιώταις· κατὰ δὲ πρόνοιαν τῆς θεᾶς τῶν

ters nicht beschmutzen wollte, ging er auf den Berg Alphios. Telestor, der von der Eifersucht seiner Frau mitgerissen wurde, begann mit seinen Leibwächtern die verlassene Gegend zu durchsuchen, um seinen Sohn zu ergreifen. Da Myenos die Drohungen seines Vaters vorausgesehen hatte, stürzte er sich vom Abgrund. Und der Berg wurde durch die Bedachtsamkeit der Götter nach ihm in Myenos umbenannt.

(4) Hervorgebracht wird in ihm Leukoïon, eine Blume, die, wenn eine Stiefmutter genannt wird, verwelkt, wie Derkyllos in *Über Berge*, Buch 3, berichtet.

9. MAIANDROS

Zu 9,3 vgl. Ar. 167, zu 9,5 Ar. 162.

(1) Maiandros ist ein Fluss in (Klein-)Asien. Er wurde früher Anabainon (Gewundener) genannt, weil er von allen Flüssen, die aus seinen eigenen Quellen entspringen, in sich selbst zurückfließt. Seinen Zunamen erhielt er von Maiandros, dem Sohn von Kerkaphos und Anaxibia, der im Krieg gegen die Pessinuntier der Mutter der Götter gelobte, im Falle eines Sieges den ersten zu opfern, der ihm beim Tragen der Trophäen zu seinen exzellenten Tugenden gratulierte. Sein Sohn Archelaos, der mit seiner Mutter und seiner Schwester gekommen war, um ihn zu treffen, beglückwünschte den Vorgenannten, als er zurückkehrte. Und er, der sich an die vorgenannten gottesfürchtigen (Gelübde) erinnerte, führte seine Verwandten notgedrungen zu den Altären. Verzweifelt über das, was geschehen war, stürzte er sich in den Fluss Anabainon, der nach ihm den Zunamen Maiandros erhielt, wie Timolaos in *Phrygiaka*, Buch 1, berichtet. Auch Agathokles von Samos überliefert diese Dinge in *Die Verfassung der Pessinuntier.*

(2) Demostratos von Apameia überliefert einen Bericht der folgenden Art: Maiandros, der gerade zum Feldherrn gegen die Pessinuntier gewählt worden war und wider Erwarten den Sieg errungen hatte, verteilte die Weihungen der Mutter der Götter an seine Soldaten. Außerdem tötete er durch die

σωφρονούντων λογισμῶν αἰφνιδίως ἀπαλλοτριωθεὶς, προσαπέκτεινεν τὴν γυναῖκα καὶ τὸν υἱόν· ὀλίγον δὲ σωφρονήσας καὶ εἰς μετάνοιαν ἐπὶ τοῖς πραχθεῖσι χωρήσας, ἑαυτὸν ἔβαλεν εἰς ποταμὸν, ὃς ἀπ' αὐτοῦ Μαίανδρος προσωνομάσθη.

(3) γεννᾶται δ' ἐν αὐτῷ λίθος κατ' ἀντίφρασιν Σώφρων (Τέφρων) καλούμενος, ὃν ἐὰν βάλῃς τινὸς εἰς κόλπον, ἐμμανὴς γίνεται καὶ φονεύει τινὰ τῶν συγγενῶν· ἐξιλασάμενος δὲ τὴν μητέρα τῶν θεῶν, ἀπαλλάσσεται τοῦ πάθους, καθὼς ἱστορεῖ Δημάρατος ἐν γ' περὶ Ποταμῶν. μέμνηται δὲ τούτων καὶ Ἀρχέλαος ἐν α' περὶ Λίθων.

(4) παράκειται δ' αὐτῷ ὄρος Σίπυλον τὴν προσηγορίαν ἔχον ἀπὸ Σιπύλου τοῦ Ἀγήνορος καὶ Διωξίππης (Διοξίππης) παιδός. οὗτος γὰρ μητροκτονήσας κατ' ἄγνοιαν καὶ ὑπ' Ἐρινύων οἰστρηλατηθεὶς, εἰς τὸ Κεραύνιον ὄρος ἦλθεν καὶ διὰ λύπης ὑπερβολὴν βρόχῳ τὸν βίον περιέγραψεν. τὸ δὲ ὄρος κατὰ πρόνοιαν θεῶν ἀπ' αὐτοῦ Σίπυλον ὠνομάσθη.

(5) γεννᾶται δ' ἐν αὐτῷ λίθος παρόμοιος κυλίνδρῳ, ὃν οἱ εὐσεβεῖς υἱοὶ (υἱὸν) ὅταν εὕρωσιν, ἐν τῷ τεμένει τῆς μητρὸς τῶν θεῶν τιθέασι καὶ οὐδέποτε χάριν ἀσεβείας ἁμαρτ<άν>ουσιν, ἀλλὰ φιλοπάτορες ὑπάρχουσι καὶ πρὸς τοὺς προσήκοντας συμπαθοῦσιν, ὡς ἱστορεῖ Ἀγαθαρχίδης ὁ Σάμιος ἐν δ' περὶ (ἢ) Λίθων. μέμνηται δὲ τούτων ἀκριβέστερον Δημάρατος (Δημάρετος) ἐν δ' Φρυγίας.

10. ΜΑΡΣΥΑΣ

(1) Μαρσύας ποταμός ἐστι τῆς Φρυγίας κατὰ πόλιν Κελα<ι>νὰς κείμενος· προσηγορεύετο δὲ πρότερον πηγὴ Μίδα δι' αἰτίαν τοιαύτην. Μίδας βασιλεὺς Φρυγῶν ἐρχόμενος τὰ ἐρημότερα τῆς χώρας καὶ ἀνυδρίᾳ συνεχόμενος, ἥψατο τῆς γῆς καὶ χρυσῆν ἀνέδωκε πηγὴν, τοῦ ὕδατος χρυσοῦ γενομέ-

Bedachtsamkeit der Göttin, als er plötzlich die besonnenen Überlegungen verlor, seine Frau und seinen Sohn. Nach einiger Zeit, als er wieder besonnen geworden war und sich aufmachte, um für das Geschehene Buße zu tun, stürzte er sich in einen Fluss, der nach ihm Maiandros genannt wurde.

(3) Hervorgebracht wird in ihm ein Stein, den man im Sinn des Gegenteils Sophron (Besonnen) nennt: Wenn man ihn jemandem in den Schoß wirft, wird dieser wahnsinnig und tötet einen seiner Verwandten. Wenn er die Mutter der Götter besänftigt hat, wird er von seinem Leiden erlöst, wie Demaratos in *Über Flüsse*, Buch 3, berichtet. Auch Archelaos überliefert diese Dinge in *Über Steine*, Buch 1.

(4) Es liegt neben diesem ein Berg, der den Zunamen Sipylos trägt, nach Sipylos, einem Kind von Agenor und Dioxippe. Als dieser nämlich unwissentlich seine Mutter getötet hatte und von den Erinyen in den Wahnsinn getrieben wurde, kam er zum Berg Keraunios und markierte in übermäßigem Kummer das Ende seines Lebens mit einer Schlinge. Und der Berg wurde durch die Bedachtsamkeit der Götter nach ihm Sipylos benannt.

(5) Hervorgebracht wird in ihm ein Stein, der einem Zylinder gleicht. Wann immer pietätvolle Söhne ihn finden, legen sie ihn in den Bezirk der Mutter der Götter und verfehlen sich nie aufgrund von Pietätlosigkeit, sondern zeigen stets Elternliebe, wie Agatharchides von Samos in *Über Steine*, Buch 4, berichtet. Demaratos überliefert diese Dinge genauer in *Phrygia*, Buch 4.

10. MARSYAS

Zu 10,5 vgl. Ar. 173.

(1) Marsyas ist ein Fluss in Phrygien, der in der Nähe der Stadt Kelainai liegt. Er hatte früher er aus einem Grund folgender Art den Zunamen Midas-Quelle (*pege Mida*): Midas, der König von Phrygien, durchquerte die verödeten Teile des Landes und wurde von Durst geplagt. Er stampfte auf die Erde auf

νου· καὶ ὑπόδιψος ὢν καὶ τῶν ὑποτεταγμένων θλιβομένων, ἀνεκαλέσατο τὸν Διόνυσον. γενόμενος δ' ἐπήκοος ὁ θεὸς, δαψιλὲς ὕδωρ ἀνέτειλε. κορεσθέντων δὲ τῶν Φρυγῶν, Μίδας τὸν ἐκ τῆς κρήνης καταρ<ρ>έοντα ποταμὸν Μίδα πηγὴν ἐκάλεσε.

μετωνομάσθη δὲ Μαρσύας διὰ τοιαύτην αἰτίαν. νικηθέντος ὑπ' Ἀπόλλωνος Μαρσύου καὶ ἐκδαρέντος, ἐκ τοῦ ῥεύσαντος αἵματος ἐγεννήθησαν Σάτυροί τε καὶ ποταμὸς ὁμώνυμος, Μαρσύας καλούμενος, καθὼς ἱστορεῖ Ἀλέξανδρος Κορνήλιος ἐν γ' Φρυγιακῶν.

(2) Εὐημερίδας δὲ ὁ Κνίδιος ἱστορίας μέμνηται τοιαύτης. ὁ ἀσκὸς Μαρσύου τῷ χρόνῳ δαπανηθεὶς καὶ κατενεχθεὶς ἔπεσεν ἀπὸ τῆς γῆς εἰς τὴν Μίδα κρήνην· καὶ κατ' ὀλίγον καταφερόμενος ἁλιεῖ τινι προσηνέχθη· κατὰ δὲ χρησμοῦ προσταγὴν Πεισίστρατος ὁ Λακεδαιμόνιος παρὰ [τὰ] λείψανα τοῦ Σατύρου πόλιν κτίσας, Νώρικον (Νόρικον) αὐτὴν προσηγόρευσεν ἀπὸ τοῦ συγκυρήματος. Νώρικον (Νόρικον) δὲ οἱ Φρύγες τῇ σφῶν διαλέκτῳ τὸν ἀσκὸν καλοῦσιν.

(3) γεννᾶται δὲ ἐν τῷ ποταμῷ τούτῳ βοτάνη αὐλὸς ὀνομαζομένη, ἣν ἐὰν πρὸς ἄνεμον σείσῃ τις, μουσικὴν ἔχει μελῳδίαν, καθὼς ἱστορεῖ Δέρκυλλος ἐν α' Σατυρικῶν.

(4) παράκειται δὲ αὐτῷ ὄρος Βερεκύνθιον καλούμενον, τὴν προσηγορίαν ἔχον ἀπὸ Βερεκύνθου τοῦ πρώτου ἱερέως γενομένου τῆς μητρὸς τῶν θεῶν.

(5) γεννᾶται δ' ἐν αὐτῷ λίθος καλούμενος μάχαιρα· ἔστι γὰρ σιδήρῳ (σιδήρου) παραπλήσιος (παραπλήσιον)· ὃν ἐὰν εὕρῃ τις τῶν μυστηρίων ἐπιτελουμένων τῆς θεᾶς, ἐμμανὴς γίνεται, καθὼς ἱστορεῖ Ἀγαθαρχίδης ἐν τοῖς Φρυγιακοῖς.

und es entstand eine goldene Quelle, deren Wasser zu Gold wurde. Da er sehr durstig war und seine Untertanen verkümmerten, rief er Dionysos an. Der Gott, der ihn erhört hatte, brachte trinkbares Wasser hervor. Als die Phryger genug getrunken hatten, nannte Midas den Fluss, der aus der Quelle floss, Midas-Quelle.

Umbenannt wurde er in Marsyas aus folgendem Grund: Als Marsyas von Apollon besiegt und gehäutet wurde, entstanden aus dem fließenden Blut sowohl Satyrn als auch ein gleichnamiger Fluss namens Marsyas, wie Alexandros Cornelius in *Phrygiaka*, Buch 3, berichtet.

(2) Euhemeridas von Knidos überliefert einen Bericht folgender Art: Die Haut des Marsyas fiel, als sie mit der Zeit abgenutzt und heruntergefallen war, von der Erde in die Midas-Quelle und wurde, nachdem sie hinuntergetragen worden war, zu einem gewissen Fischer gebracht. Auf Geheiß eines Orakels gründete Peisistratos von Lakedaimon eine Stadt neben den Überresten des Satyros und gab den Zunamen Norikos aus diesem Umstand. Norikos nämlich nennen die Phryger in ihrem Dialekt die Haut.

(3) Hervorgebracht wird in diesem Fluss eine Pflanze namens Aulos (Flöte), die, wenn man sie im Wind bewegt, eine musikalische Melodie erzeugt, wie Derkyllos in *Satyrika*, Buch I, berichtet.

(4) Es liegt neben diesem ein Berg namens Berekynthios, der den Zunamen nach Berekynthos hatte, welcher der erste Priester der Mutter der Götter war.

(5) Hervorgebracht wird in ihm ein Stein namens Machaira (Messer). Er ist dem Eisen ähnlich. Wenn einer der Zelebranten der Mysterien der Göttin ihn findet, wird er wahnsinnig, wie Agatharchides in den *Phrygiaka* berichtet.

11. ΣΤΡΥΜΩΝ

(1) Στρυμὼν ποταμός ἐστι τῆς Θράκης κατὰ πόλιν Ἠδωνίδα (Ἠλονίδα)· προσηγορεύετο δὲ πρότερον Παλαιστῖνος ἀπὸ Παλαιστίνου τοῦ Ποσειδῶνος. οὗτος γὰρ πρὸς τοὺς ἀστυγείτονας ἔχων πόλεμον καὶ εἰς ἀσθένειαν ἐμπεσὼν τὸν υἱὸν Ἁλιάκμονα (Ἁλιάκμωνα) στρατηγὸν ἔπεμψεν· ὁ δὲ προπετέστερον μαχόμενος ἀνῃρέθη. περὶ δὲ τῶν συμβεβηκότων ἀκούσας Παλαιστῖνος καὶ λαθὼν τοὺς δορυφόρους, διὰ λύπης ὑπερβολὴν ἑαυτὸν ἔρριψεν εἰς ποταμὸν Κόνοζον, ὃς ἀπ' αὐτοῦ Παλαιστῖνος ὠνομάσθη. Στρυμὼν δὲ, Ἄρεως παῖς καὶ Ἡλίκης, ἀκούσας περὶ τῆς Ῥήσ[σ]ου τελευτῆς καὶ ἀθυμίᾳ συσχεθεὶς ἑαυτὸν ἔρριψεν εἰς ποταμὸν Παλαιστῖνον, ὃς ἀπ' αὐτοῦ Στρυμὼν μετωνομάσθη.

(2) γεννᾶται δ' ἐν αὐτῷ λίθος παυσίλυπος καλούμενος· ὃν ἐὰν εὕρῃ τις πενθῶν, παύεται παραχρῆμα τῆς κατεχούσης αὐτὸν συμφορᾶς, καθὼς ἱστορεῖ Ἰάσων Βυζάντιος ἐν τοῖς Θρᾳκικοῖς (τραγικοῖς).

(3) παράκεινται δ' αὐτῷ ὄρη Ῥοδόπη καὶ Αἷμος. οὗτοι ἀδελφοὶ τυγχάνοντες καὶ εἰς ἐπιθυμίαν ἀλλήλων ἐμπεσόντες, ὁ μὲν αὐτὴν Ἥραν προσηγόρευσεν, ἡ δὲ τὸν ἀγαπώμενον Δία. μισοπονήρως οἱ δ' ἀτιμούμενοι θεοὶ τὴν πρᾶξιν [βαρέως] ἐνεγκόντες, εἰς ὁμώνυμα ὄρη μετέβαλον ἀμφοτέρους.

(4) γεννῶνται δ' ἐν αὐτοῖς λίθοι Φιλάδελφοι λεγόμενοι, κοραξοὶ (κορακοὶ) τὴν χρόαν, ἀνθρωπόμιμοι. οὗτοι τεθέντες χωρὶς ἀλλήλων καὶ ὀνομασθέντες, διαλύονται παραχρῆμα καὶ ἰδίᾳ[ς], καθὼς ἱστορεῖ Θράσυλλος Μενδήσιος ἐν γ' περὶ Λίθων· μέμνηται δὲ τούτων ἀκριβέστερον ἐν τοῖς Θρᾳκικοῖς (τραγικοῖς).

11. STRYMON

(1) Strymon ist ein Fluss in Thrakien in der Nähe einer Stadt namens Edonis. Er hatte früher den Zunamen Palaistinos nach Palaistinos, dem Sohn des Poseidon. Als dieser sich nämlich im Krieg mit den Nachbarstädten befand und krank geworden war, sandte er seinen Sohn Haliakmon als Befehlshaber aus. Da er zu rücksichtslos kämpfte, wurde er getötet. Als Palaistinos erfuhr, was geschehen war, stürzte er sich, unbemerkt von seinen Leibwächtern, in übermäßigem Kummer in den Fluss Konozos, der nach ihm Palaistinos genannt wurde. Strymon, der Sohn von Ares und Helike, stürzte sich, als er von Rhesos' Tod erfuhr und von Verzweiflung überwältigt wurde, in den Fluss Palaistinos, der nach ihm in Strymon umbenannt wurde.

(2) Hervorgebracht wird in ihm ein Stein, der Pausilypos (Schmerzbeender) genannt wird. Wenn jemand, der Schmerzen hat, diesen Stein findet, wird er sofort von seinem Leiden befreit, wie Iason von Byzantion in den *Thrakika* berichtet.

(3) Daneben liegen die Berge Rhodope und Haimos. Da sie zufällig Geschwister waren und einander begehrten, nannte er sie Hera und sie ihren Geliebten Zeus. Die beleidigten Götter, die sich darüber ärgerten, verwandelten beide in gleichnamige Berge.

(4) Hervorgebracht werden in ihnen Steine, die als Philadelphoi (Geschwisterliebende) bezeichnet werden, rabenschwarz in der Farbe, geformt wie Menschen. Wenn man sie voneinander trennt und beim Namen nennt, verlieren auch sie sofort ihre Eigenschaften, wie Thrasyllos von Mende in *Über Steine*, Buch 3, berichtet. Er überliefert diese Dinge genauer in den *Thrakika*.

12. ΣΑΓΑΡΙΣ

(1) Σάγαρις ποταμός ἐστι τῆς Φρυγίας· προσηγορεύ<ε>το δὲ πρότερον Ξηροβάτης (Ξηραβάτης) ἀπὸ [τοιου]τοῦ συγκυρήματος· τῷ γὰρ θερινῷ καταστήματι ξηρὸς ὁρᾶται πολλάκις· ἐκλήθη δὲ Σάγαρις δι' αἰτίαν τοιαύτην. Σάγαρις, Μύγδονος καὶ Ἀλεξιρ<ρ>όης παῖς, τὰ (πλεῖστα) μυστήρια τῆς μητρὸς τῶν θεῶν ἐξουθενίζων, τοὺς ἱερεῖς καὶ Γάλλους αὐτῆς ὕβρισεν. ἡ δὲ μισοπονήρως ἐνεγκοῦσα τὴν πρᾶξιν τῷ προειρημένῳ μανίαν ἐνέσκηψεν. ὁ δὲ τῶν φρονίμων λογισμῶν ἐκστὰς ἑαυτὸν ἔβαλεν εἰς ποταμὸν Ξηροβάτην (Ξηραβάτης), ὃς ἀπ' αὐτοῦ Σάγαρις μετωνομάσθη.

(2) γεννᾶται δ' ἐν αὐτῷ λίθος αὐτόγλυφος (αὐτόγλυκος) καλούμενος· εὑρίσκεται γὰρ τετυπωμένην ἔχων τὴν μητέρα τῶν θεῶν. τοῦτον τὸν λίθον σπανίως εὑρισκόμενον ἐὰν εὕρῃ τις <τῶν> ἀποτεμνομένων, οὐ ξενίζεται, ἀλλ' εὐψύχως (ἐμψύχως) φέρει τῆς παρὰ φύσιν πράξεως τὴν ὄψιν, καθὼς ἱστορεῖ Ἀρετάζης ἐν τοῖς Φρυγιακοῖς.

(3) παράκειται δὲ αὐτῷ ὄρος Βαλληναῖον καλούμενον ὅπερ ἐστὶ μεθερμηνευόμενον βασιλικόν, τὴν προσηγορίαν ἔχον ἀπὸ Βαλληναίου τοῦ Γανυμήδους καὶ Μηδησιγίστης παιδός. οὗτος γὰρ τὸν γεννήσαντα θεασάμενος ἀποτηκόμενον, τοῖς ἐγχωρίοις καὶ Βαλληναῖον ἑορτὴν κατέδειξε μέχρι νῦν καλούμενον.

(4) γεννᾶται δ' ἐν αὐτῷ λίθος καλούμενος ἀστήρ. οὗτος εἴωθεν νυκτὸς βαθείας πυρὸς δίκην λάμπειν τοῦ φθινοπώρου τὴν ἀρχὴν λαμβάνοντος· προσαγορεύεται δὲ τῇ διαλέκτῳ τῶν ἐγχωρίων βαλλὴν, ὅπερ μεθερμηνευόμενόν ἐστι βασιλεὺς, καθὼς ἱστορεῖ Ἑρμησιάναξ Κύπριος ἐν β' Φρυγιακῶν.

13. ΣΚΑΜΑΝΔΡΟΣ

(1) Σκάμανδρος ποταμός ἐστι τῆς Τρωάδος. ἐκαλεῖτο δὲ πρότερον Ξάνθος, μετωνομάσθη δὲ δι' αἰτίαν τοιαύτην. Σκά-

12. SAGARIS

(1) Sagaris ist ein Fluss in Phrygien. Er hatte früher den Zunamen Xerobates (Trockenlauf) aus folgendem Umstand: Im Sommer nämlich sieht man ihn oft trocken (*xeros*). Aus einem Grund folgender Art wurde er Sagaris genannt: Sagaris, das Kind von Mygdon und Alexirrhoë, hielt die Mysterien der Mutter der Götter für nichts und beleidigte die Priester und Galloi. Da sie sich darüber ärgerte, warf sie sich mit Wahnsinn auf den Vorgenannten. Und als er den Verstand verloren hatte, stürzte er sich in den Fluss Xerobates, der nach ihm in Sagaris umbenannt wurde.

(2) Hervorgebracht wird in ihm ein Stein, der *Autoglyphos* (Selbstgraviert) genannt wird. Gefunden wird er nämlich mit der Gravur »Die Mutter der Götter«. Wer diesen seltenen Stein findet, wundert sich nicht über die Einritzungen, sondern erträgt mutig den Anblick dieser übernatürlichen Tatsache, wie Aretades in den *Phrygiaka* berichtet.

(3) Es liegt neben diesem ein Berg, der Ballenaios genannt wird, was übersetzt *basilikon* (königlich) bedeutet und den Namen von Ballenaios hat, dem Sohn von Ganymed und Medesigiste. Als er nämlich sah, dass das, was er geschaffen hatte, eingeritzt war, führte er bei den Einheimischen ein Fest ein, das bis heute Ballenaios heißt.

(4) Hervorgebracht wird in ihm wird ein Stein namens Aster (Stern). Es ist üblich, dass er in der Tiefe der Nacht wie ein Feuer leuchtet, wenn der Herbst begonnen hat. Im Dialekt der Einheimischen wird er *balle* genannt, was übersetzt »König« bedeutet, wie Hermesianax von Kypros in den *Phrygiaka*, Buch 2, berichtet.

13. SKAMANDROS

Zu 13,2 vgl. Ar. 160.

(1) Skamandros ist ein Fluss in Troas. Er wurde früher Xanthos genannt und wurde aus einem Grund folgender Art

μανδρος, Κορύβαντος καὶ Δημοδίκης παῖς, τῶν τῆς Ῥέας μυστηρίων τελουμένων αἰφνιδίως <τὴν θεὸν> θεασάμενος, ἐμμανὴς ἐγένετο καὶ μεθ' ὁρμῆς ἐπὶ Ξάνθον τὸν ποταμὸν ἐνεχθεὶς, ἑαυτὸν εἰς τοῦτον ἔβαλεν, ὃς ἀπ' αὐτοῦ Σκάμανδρος μετωνομάσθη.

(2) γεννᾶται δ' ἐν αὐτῷ βοτάνη σ<ε>ῖστρος καλουμένη, παραπλήσιος ἐρεβίνθῳ, κόκκους δὲ ἔχει σειομένους, ὅθεν τὴν προσηγορίαν ἔλαβεν· ταύτην οἱ κατέχοντες οὔτε φαντασίαν οὔτε θεὸν ὀφθέντα φοβοῦνται, καθὼς ἱστορεῖ Δημόστρατος ἐν β' περὶ Βοτανῶν.

(3) παράκειται δ' αὐτῷ ὄρος Ἴδη, τὸ πρότερον δὲ ἐκαλεῖτο Γάργαρον (Τάρταρον), ὅπου Διὸς καὶ Μητρὸς θεῶν βωμοὶ τυγχάνουσιν. Ἴδη δὲ μετωνομάσθη δι' αἰτίαν τοιαύτην. Αἰγέσθιος, ὁ γεννηθεὶς ἐκ τοῦ Διόσφορου κόρης Ἴδης ἐρασθεὶς συνῆλθε τῇ προειρημένῃ καὶ ἐγέννησεν ἐξ αὐτῆς τοὺς προειρημένους Ἰδαίους Δακτύλους. γενομένης δ' αὐτῆς ἄφρονος ἐν τῷ τῆς Ῥέας ἀδύτῳ Αἰγέσθιος εἰς τιμὴν τῆς προειρημένης τὸ ὄρος Ἴδην μετωνόμασεν.

(4) γεννᾶται δ' ἐν αὐτῷ λίθος κρύφιος, ὃς μόνο<ι>ς τοῖς μυστηρίοις τῶν θεῶν φαίνεται, καθὼς ἱστορεῖ Ἡράκλειτος Σικυώνιος ἐν β' περὶ Λίθων.

14. ΤΑΝΑΪΣ

(1) Τάναϊς ἐστιν ποταμὸς τῆς Σκυθίας· ἐκαλεῖτο δὲ πρότερον Ἀμαζόνιος διὰ τὸ τὰς Ἀμαζόνας λούεσθαι ἐν αὐτῷ· μετωνομάσθη δὲ δι' αἰτίαν τοιαύτην. Τάναϊς, Βηρωσσοῦ καὶ Λυσίππης μιᾶς τῶν Ἀμαζόνων παῖς, σωφρονέστατος ὑπάρχων, τὸ γυναικεῖον γένος ἐμίσει, μόνον Ἄρη σεβόμενος, ἐν ἀτιμίᾳ δὲ εἶχεν καὶ τὸ γα μεῖν. ἡ δ' Ἀφροδίτη ἐπιθυμίαν αὐτῷ[ν] τῆς μητρὸς ἐνέσκηψεν. ὁ δὲ κατ' ἀρχὰς μὲν ἀντεμάχετο τῷ πάθει· νικώμενος δὲ ὑπὸ τῆς ἀνάγκης τῶν οἴστρων καὶ εὐσεβὴς δια-

umbenannt: Skamandros, das Kind von Korybas und Demodike, wurde wahnsinnig, als er während der Feier der Mysterien der Rhea plötzlich die Göttin erblickte, und machte sich voller Eifer zum Fluss Xanthos auf und stürzte sich in ihn, der nach ihm Skamandros genannt wurde.

(2) Hervorgebracht wird in ihm eine Pflanze namens Seistros (Rassel), die der Kichererbse ähnelt. Sie enthält Kerne, die man schüttelt (*seiomenus*), woher sie den Zunamen erhalten hat. Diejenigen, die sie besitzen, fürchten weder eine Vision noch einen Gott, der sich offenbart, wie Demostratos in *Über Pflanzen*, Buch 2, berichtet.

(3) Es liegt neben diesem der Berg Ide, der früher Gargaros genannt wurde, wo sich Altäre des Zeus und der Mutter der Götter befinden. Ide wurde aus einem Grund folgender Art umbenannt: Aigesthios, der von der Zeusgebärerin abstammte, verliebte sich in das Mädchen Ide, hatte Geschlechtsverkehr mit der Vorgenannten und zeugte mit ihr die sogenannten Idäischen Daktylen. Als sie im Heiligtum der Rhea den Verstand verloren hatte, benannte Aigistheus zu Ehren der Vorgenannten den Berg in Ide um.

(4) Hervorgebracht wird in ihm ein Stein Kryphios (Verborgener), der nur während der Mysterien der Götter erscheint, wie Herakleitos von Sizilien in *Über Steine*, Buch 2, berichtet.

14. TANAÏS

(1) Tanaïs ist ein Fluss in Skythien. Er wurde früher Amazonios genannt, weil die Amazonen in ihm badeten; umbenannt wurde er aus einem Grund folgender Art: Tanaïs, das Kind des Berossos und der Lysippe, einer der Amazonen, war äußerst besonnen, hasste das weibliche Geschlecht und verehrte allein Ares. Aphrodite weckte in ihm das Begehren nach seiner Mutter. Zunächst kämpfte er gegen diese Leidenschaft an. Als er von dem Zwang der Stacheln besiegt

μεῖναι βουλόμενος, ἑαυτὸν ἔρριψεν εἰς τὸν Ἀμαζόνιον ποταμόν, ὃς ἀπ' αὐτοῦ Τάναϊς μετωνομάσθη.

(2) γεννᾶται δὲ ἐν αὐτῷ φυτὸν ἁλίνδα καλούμενον· παρόμοια δὲ ἔχει τὰ φύλλα κράμβης. τοῦτο λειοτριβοῦντες οἱ τὴν χώραν κατοικοῦντες ἀλείφονται [ἀλείφοντες] τῷ χυλῷ [ξύλῳ] καὶ θερμαινόμενοι τὸ ψῦχος εὐρώστως καρτεροῦσιν. καλοῦσι δὲ τῇ σφῶν διαλέκτῳ Βηρωσσοῦ ἔλαιον.

(3) γεννᾶται δ' ἐν αὐτῷ καὶ λίθος κρυστάλλῳ παραπλήσιος, ὢν ἀνθρωπόμιμος, ἐστεμμένος. ὅταν δὲ ἀποθάνῃ βασιλεὺς, ἀρχαιρεσίας παρὰ τὸν ποταμὸν τελοῦσι· καὶ ὃς ἂν εὑρ<εθ>ῇ τὸν λίθον ἐκεῖνον ἔχων, παραχρῆμα βασιλεὺς γίνεται, καὶ τὰ σκῆπτρα παραλαμβάνει τοῦ τελευτήσαντος, καθὼς ἱστορεῖ Κτησιφῶν ἐν γ' περὶ Φυτῶν· μέμνηται δὲ τούτων καὶ Ἀριστόβουλος ἐν α' περὶ Λίθων.

(4) παράκειται δ' αὐτῷ ὄρος, τῇ διαλέκτῳ τῶν ἐνοικούντων προσαγορευόμενον Βριξάβα, ὅπερ μεθερμηνευόμενον Κριοῦ μέτωπον· ὠνομάσθη δὲ διὰ τοιαύτην αἰτίαν. Φρίξος ἀποβαλὼν παρὰ τὸν Εὔξεινον πόντον Ἕλλην, τὴν ἀδελφὴν, καὶ διὰ τὰ δίκαια τῆς φύσεως συγκεχυμένος, ἐν ταῖς ἀκρωρείαις λόφου τινὸς κατέλυσεν. βαρβάρων δέ τινων θεασαμένων αὐτὸν καὶ μεθ' ὅπλων ἀναβαινόντων, ὁ χρυσόμαλλος κριὸς προκύψας καὶ ἰδὼν τὸ πλῆθος τῶν ἐπερχομένων, ἀνθρωπίνῃ φωνῇ χρησάμενος διεγείρει τὸν Φρίξον ἀναπαυόμενον, καὶ ἀναλαβὼν τὸν προειρημένον μέχρι Κόλχων εἰσήνεγκεν. ὁ δὲ λόφος ἀπὸ τοῦ συγκυρήματος Κριοῦ μέτωπον προσηγορεύθη.

(5) γεννᾶται δ' ἐν τῷ τόπῳ βοτάνη, τῇ διαλέκτῳ τῶν βαρβάρων φρίξα καλουμένη, ὅπερ μεθερμηνευόμενόν ἐστιν μισοπόνηρος· πηγάνῳ δέ ἐστι παρόμοιος, ἣν οἱ πρόγονοι κρατοῦντες, οὐδὲν ὑπὸ μητρυιῶν ἀδικοῦνται· μάλιστα δὲ φύεται παρὰ Βορέου προσαγορευόμενον ἄντρον. συλλεγομένη δ' ἐστὶ ψυχροτέρα χιόνος· ὅταν δέ τινι ἐκ μητρυιᾶς ἐπιβουλὴ γένηται, φλόγας ἀναδίδωσι· καὶ τοῦτο σύσ<σ>ημον ἔχοντες οἱ φοβούμενοι τὰς ἐπιγεγαμημένας, ἐκκλίνουσι τῶν ἐπικειμέ-

wurde und pietätvoll bleiben wollte, stürzte er sich in den Amazonios, der nach ihm in Tanaïs umbenannt wurde.

(2) Hervorgebracht wird in ihm ein Gewächs namens Halinda die Blätter hat, die denen von Kohl ähneln. Die Bewohner der Gegend zerreiben diese fein und salben sich mit dem Saft ein, um, so gewärmt, die Kälte zu ertragen. Sie nennen es in ihrem Dialekt Berossos-Öl.

(3) Hervorgebracht wird in ihm auch ein kristallähnlicher Stein, der wie ein Mensch aussieht, welcher einen Kranz trägt. Wenn ein König stirbt, halten sie Wahlen am Fluss ab, und wer diesen Stein findet, wird sofort König und erhält das Zepter des Verstorbenen, wie Ktesiphon in *Über Gewächse*, Buch 3, berichtet. Auch Aristobulos überliefert diese Dinge in *Über Steine*, Buch 1.

(4) Es liegt neben diesem ein Berg, der im Dialekt der Einheimischen Brixaba zubenannt wird, was übersetzt Widderstirn (*Kriou metopon*) bedeutet. Er wurde aus einem Grund folgender Art benannt: Als Phrixos seine Schwester Helle am Pontos Euxeinos (Schwarzen Meer) verloren hatte und durch die Regeln der Natur verwirrt war, zog er sich auf die Gipfel eines bestimmten Bergrückens zurück. Als einige Barbaren ihn sahen und mit Waffen anrückten, neigte sich der Widder mit dem goldenen Vlies hinab und sah die Masse der Angreifer. Er benutzte die Stimme eines Menschen, weckte den schlafenden Phrixos und trug ihn, nachdem er den Vorgenannten aufgenommen hatte, bis nach Kolchis. Der Hügel erhielt nach diesem Umstand den Zunamen Widderstirn.

(5) Hervorgebracht wird in dem Ort eine Pflanze, die im Dialekt der Barbaren Phrixa genannt wird, was übersetzt Übeltäterhasser bedeutet. Sie ähnelt der Weinraute, mit der Kinder aus einer früheren Ehe kein Unrecht von Stiefmüttern erleiden. Sie wächst meist bei einer Höhle, die Boreas genannt wird. Gesammelt ist sie kälter als Schnee. Wenn eine Stiefmutter ein Komplott gegen jemanden schmiedet, stößt sie Flammen aus. Und mit diesem Signal vermeiden diejenigen, die sich vor denen fürchten, die als zweite Frauen genommen

νων φόβων (φόνων) τὰς ἀνάγκας, καθὼς ἱστορεῖ Ἀγάθων ὁ Σάμιος ἐν β' Σκυθικῶν.

15. ΘΕΡΜΩΔΩΝ

(1) Θερμώδων ποταμός ἐστι <τῆς> Σκυθίας, τὴν προσηγορίαν εἰληφὼς ἀπὸ τοῦ συγκυρήματος· ἐκαλεῖτο δὲ πρότερον Κρύσταλλος· ἐκεῖνος γὰρ καὶ θέρους (θέρει) πήσσεται, τῆς τοποθεσίας τὴν τοιαύτην ἰδέαν δι<εξ>αγούσης· μετωνομάσθη δὲ δι' αἰτίαν τοιαύτην. [*lacuna 32 versuum*]

16. ΝΕΙΛΟΣ

(1) Νεῖλος ποταμός ἐστι τῆς Αἰγύπτου κατὰ πόλιν Ἀλεξάνδρειαν. ἐκαλεῖτο δὲ τὸ πρότερον Μέλας ἀπὸ Μέλανος τοῦ Ποσειδῶνος· ὕστερον δὲ Αἴγυπτος ἐπεκλήθη δι' αἰτίαν τοιαύτην. Αἴγυπτος, Ἡφαίστου καὶ Λευκίππης παῖς, βασιλεὺς ὑπῆρχεν τῶν τόπων· δι' ἐμφύλιον δὲ πόλεμον μὴ ἀναβαίνοντος τοῦ Νείλου καὶ λιμῷ συνεχομένων τῶν ἐγχωρίων, ἔχρησεν ὁ Πύθιος τὴν εὐφορίαν (ἀφορίαν), ἐὰν ὁ βασιλεὺς ἀποτρόπαιον θεοῖς τὴν θυγατέρα θύσῃ. θλιβόμενος δὲ ὑπὸ τῶν κακῶν ὁ τύραννος τοῖς βωμοῖς Ἀγανίππην προσήγαγε. τῆς δὲ διασπασθείσης ὁ Αἴγυπτος δι' ὑπερβολὴν τῆς λύπης ἑαυτὸν ἔρριψεν εἰς ποταμὸν Μέλανα, ὃς ἀπ' αὐτοῦ Αἴγυπτος μετωνομάσθη.

προσηγορεύθη δὲ Νεῖλος δι' αἰτίαν τοιαύτην. Γαρμαθώνη, τῶν κατ' Αἴγυπτον βασίλισσα τόπων, ἀποβαλ<λ>οῦσα τὸν υἱὸν αὐτῆς Χρυσοχόαν, ἀκμὴν (ἀμῇ) ἔφηβον, μετὰ τῶν οἰκετῶν ἐθρήνει συμπαθῶς τὸν προειρημένον. Ἴσιδος δὲ αἰφνιδίως ἐπιφανείσης, τὴν λύπην πρὸς καιρὸν ὑπερέθετο, καὶ προσποιητὴν χαρὰν (χάριν) σκηψαμένη (σκεψαμένη) τὴν θεὸν ὑπεδέξατο φιλανθρώπως. ἡ δὲ τὴν διάθεσιν τούτων ἀμείψασθαι βουλομένη τῆς εὐσεβείας Ὀσίριν παρεκέλευσεν, ὅπως

worden sind, die Zwänge der drohenden Ängste, wie Agathon von Samos in *Skythika*, Buch 2, berichtet.

15. THERMODON

(1) Thermodon ist ein Fluss in Skythien, der seinen Zunamen aus folgendem Umstand erhalten hat: Er wurde früher Krystallos genannt: Jener nämlich verfestigt sich im Sommer, da die topographische Lage eine solche Erscheinungsform begünstigt. Aus einem Grund folgender Art wurde er umbenannt: [*Große Lücke im Text.*]

16. NEILOS (NIL)

Zu 16,1–2 vgl. Stob. 18, zu 16,2 Ar. 16.

(1) Neilos ist ein Fluss in Ägypten in der Nähe der Stadt Alexandreia. Er wurde früher Melas genannt, nach Melas, einem Sohn des Poseidon. Später wurde er stattdessen Aigyptos genannt, und zwar aus einem Grund folgender Art: Aigyptos, ein Kind von Hephaistos und Leukippe, war König der Gegend. Da der Neilos nicht anstieg und die Einheimischen von einer Hungersnot bedrängt wurden, weissagte die Pythia Fruchtbarkeit, wenn der König den Göttern, um sie zu besänftigen, seine Tochter opferte. Verzweifelt über das Übel, führte der Tyrann Aganippe zu den Altären. Nachdem sie geopfert worden war, stürzte sich Aigyptos vor lauter Kummer in den Fluss Melas, der nach ihm Aigyptos genannt wurde.

Den Zunamen Neilos erhielt er aus einem Grund folgender Art: Garmathone, die Königin der Gegend um Ägypten, hatte ihren Sohn Chrysochoas in der Blüte seiner Jugend verloren und trauerte mit ihrer Dienerschaft um den Vorgenannten. Als plötzlich Isis auftauchte, legte sie die Trauer für einen Moment beiseite und empfing die Göttin unter der Vorspiegelung von Freude herzlich. Sie wünschte, dass sich die Lage der Dinge im Gegenzug für die Pietät änderte und befahl dem Osiris, ihren

ἀναγάγῃ τὸν υἱὸν αὐτῆς ἐκ τῶν καταχθονίων τόπων. τούτου δὲ ταῖς δεήσεσι τῆς γυναικὸς συμπεριενεχθέντος, Κέρβερος, ὃν ἔνιοι καλοῦσιν Φοβερὸν, ὑλάκτησεν· Νεῖλος δὲ <ὁ> τῆς Γαρμαθώνης ἀνὴρ αἰφνιδίως ἔνθεος γενόμενος, ἑαυτὸν ἔρριψεν εἰς ποταμὸν καλούμενον Αἴγυπτον, ὃς ἀπ' αὐτοῦ Νεῖλος μετωνομάσθη.

(2) γεννᾶται δ' ἐν αὐτῷ λίθος κυάμῳ παρόμοιος, ὃν ἐὰν κύνες ἴδωσιν, οὐχ ὑλακτοῦσι· ποιεῖ δὲ πρὸς τοὺς δαιμονιζομένους· ἅμα γὰρ προστεθῆναι ταῖς ῥισὶν, ἀπέρχεται τὸ δαιμόνιον. γεννῶνται δὲ καὶ ἄλλοι λίθοι, κόλλωτες καλούμενοι· τούτους κατὰ τὴν ἀνάβασιν (ἀσέβειαν) τοῦ Νείλου συλλέγουσαι χελιδόνες κατασκευάζουσι τὸ προσαγορευόμενον Χελιδόνιον τεῖχος, ὅπερ ἐπέχει τοῦ ὕδατος τὸν ῥοῖζον καὶ οὐκ ἐᾷ κατακλυσμῷ φθείρεσθαι τὴν χώραν, καθὼς ἱστορεῖ Θράσυλλος ἐν τοῖς Αἰγυπτιακοῖς.

(3) παράκειται δὲ αὐτῷ ὄρος, Ἄργιλλον καλούμενον ἀπ' αἰτίας τοιαύτης. Ζεὺς δι' ἐρωτικὴν ἐπιθυμίαν ἐκ Λύκτου πόλεως Κρητικῆς Ἄργην νύμφην ἁρπάσας ἀπήνεγκεν εἰς ὄρος τῆς Αἰγύπτου, Ἄργιλλον καλούμενον· καὶ ἐγέννησεν ἐξ αὐτῆς υἱὸν, καλούμενον Διόνυσον· ὃς ἀκμάσας εἰς τιμὴν τῆς μητρὸς τὸν λόφον Ἄργιλλον μετωνόμασεν· στρατολογήσας δὲ Πᾶνας καὶ Σατύρους ἰδίοις σκήπτροις Ἰνδοὺς ὑπέταξεν· νικήσας δὲ καὶ Ἰβηρίαν, Πᾶνα κατέλιπεν ἐπιμελητὴν τῶν τόπων, ὃς τὴν χώραν ἀπ' αὐτοῦ Πανίαν μετωνόμασεν· ἣν οἱ μεταγενέστεροι παραγώγως Σπανίαν προσηγόρευσαν, καθὼς ἱστορεῖ Σωσθένης ἐν ιγ' Ἰβηρικῶν.

17. ΕΥΡΩΤΑΣ

(1) [Εὐρώτας.] Ἵμερος, Ταϋγέτης νύμφης καὶ Λακεδαίμονος παῖς, διὰ μῆνιν Ἀφροδίτης κατ' ἄγνοιαν ἐν παννυχίδι τὴν ἀδελφὴν Κλεοδίκην βιασάμενος ἔφθειρεν· τῇ δὲ ἐπιούσῃ τῶν ἡμερῶν κατηχηθεὶς περὶ τῶν συμβεβηκότων καὶ ἀθυμήσας,

Sohn aus den unterirdischen Gegend heraufzuführen. Als er durch die Bitten der Frau überzeugt war, bellte (der Höllenhund) Kerberos, den manche Phoberos nennen. Und Neilos, der Ehemann von Garmathone, war plötzlich besessen und stürzte sich in den Fluss Aigyptos, der nach ihm in Neilos umbenannt wurde.

(2) Hervorgebracht wird in ihm ein Stein, der einer Bohne ähnelt; wenn Hunde ihn sehen, bellen sie nicht. Er ist sehr wirksam für die von Dämonen Besessenen: Wenn er nämlich vor die Nasenlöcher gehalten wird, kommt der Dämon heraus. Hervorgebracht werden auch andere Steine namens Kollotes; wenn diese sich während des Anstiegs des Nils sammeln, bauen sie die Chelidonion benannte Mauer, die den Ansturm des Wassers aufhält und verhindert, dass das Gebiet durch ein Sintflut zerstört wird, wie Thrasyllos in den *Aigyptiaka* berichtet.

(3) Es liegt neben diesem ein Berg, der aus eine Grund folgender Art Argillos genannt wird: Zeus, der aus erotischem Begehren die Nymphe Arge aus der kretischen Stadt Lyktos entführt hatte, verschleppte sie auf einen Berg in Ägypten, der Argillos heißt. Er zeugte mit ihr einen Sohn namens Dionysos, der, als er erwachsen war, zu Ehren seiner Mutter den Berg Argillos nannte. Nachdem er Pane und Satyrn versammelt hatte, unterwarf er Indien seinem Zepter, und nachdem er auch Iberien erobert hatte, ließ er einen Pan als Aufseher über die Gegend zurück, der das Land nach sich selbst in Pania umbenannte; die Nachgeborenen benannten es davon abgeleitet, als Spania, wie Sosthenes in *Iberika*, Buch 13, berichtet.

17. EUROTAS

Zu 17,4 vgl. Ar. 163.

(1) Himeros, das Kind von Taÿgete, einer Nymphe, und Lakedaimon, überfiel im Zorn der Aphrodite unwissentlich seine Schwester Kleodike bei einem nächtlichen Fest, vergewaltigte und schändete sie. Als er am darauffolgenden Tag von den Geschehnissen erfuhr und verzweifelt war, stürzte er sich in

διὰ λύπης ὑπερβολὴν ἔρριψεν ἑαυτὸν εἰς ποταμὸν Μαραθῶνα, ὃς ἀπ' αὐτοῦ Ἵμερος μετωνομάσθη.

ὕστερον δὲ Εὐρώτας ἐκλήθη δι' αἰτίαν τοιαύτην. Λακεδαιμονίων πρὸς Ἀθηναίους πόλεμον ἐχόντων καὶ τὴν πανσέληνον περιμενόντων, Εὐρώτας, ὁ τῶν προειρημένων στρατηγὸς, καταφρονήσας πάσης δεισιδαιμονίας συνέβαλε τὴν παράταξιν, καίπερ ὑπὸ ἀστραπῶν τε καὶ κεραυνῶν κωλυόμενος· ἀποβαλὼν δὲ τὸ στράτευμα, καὶ λύπῃ συσχεθεὶς, ἑαυτὸν ἔρριψεν εἰς τὸν ποταμὸν τὸν Ἵμερον, ὃς ἀπ' αὐτοῦ Εὐρώτας μετωνομάσθη.

(2) γεννᾶται δ' ἐν αὐτῷ λίθος περικεφαλαίᾳ παρόμοιος, θρασύδειλος προσαγορευόμενος· ἅμα γὰρ σάλπιγγος ἀκούει, ἐπὶ τὴν ὄχθαν προχωρεῖ· τῶν δ' Ἀθηναίων ὀνομασθέντων, καὶ εἰς τὸν βυθὸν ἅλλεται. κεῖνται δὲ πολλοὶ καθιερωθέντες ἐν τῷ ναῷ τῆς Χαλκιοίκου Ἀθηνᾶς, καθὼς ἱστορεῖ Νικάνωρ ὁ Σάμιος ἐν β' περὶ Ποταμῶν.

(3) παράκειται δ' αὐτῷ ὄρος Ταΰγετον προσονομαζόμενον, τὴν προσηγορίαν εἰληφὸς ἀπὸ Ταϋγέτης [τῆς] νύμφης, ἣν ὁ Ζεὺς βιασάμενος ἔφθειρεν· ἡ (τῇ) δὲ λύπῃ συσχεθεῖσα βρόχῳ τὸν βίον περιέγραψεν (παρέγραψεν) ἐν ἀκρωρείαις ὄρους Ἀμυκλαίου (ἀμυκλέον), ὅπερ ἀπ' αὐτῆς Ταΰγετον προσωνομάσθη.

(4) γεννᾶται δ' ἐν αὐτῷ βοτάνη, καλουμένη χαρίσιον, ἣν [αἱ] γυναῖκες ἔαρος ἀρχομένου τοῖς τραχήλοις περιάπτουσι καὶ ὑπὸ τῶν ἀνδρῶν συμπαθέστερον ἀγαπῶνται, καθὼς ἱστορεῖ Κλεάνθης ἐν α' περὶ Ὀρῶν. μέμνηται δὲ τούτων ἀκριβέστερον Σωσθένης ὁ Κνίδιος, παρ' οὗ τὴν ὑπόθεσιν εἴληφεν Ἑρμογένης.

18. ΙΝΑΧΟΣ

(1) Ἴναχος ποταμός ἐστι τῆς Ἀργείας χώρας· ἐκαλεῖτο δὲ τὸ πρότερον Καρμάνωρ. Ἁλιάκμων δὲ τῷ γένει Τιρύνθιος, [ὃς] ἐν τῷ Κοκκυγίῳ (κοκνύγῳ) ποιμαίνων ὄρει καὶ κατ' ἄγνοιαν

übermäßigem Kummer in den Fluss Marathon, der nach ihm in Himeros umbenannt wurde.

Später wurde er aus einem Grund folgender Art Eurotas genannt: Als die Lakedaimonier gegen Athen Krieg führten und auf den Vollmond warteten, zog Eurotas, der Feldherr des Vorgenannten, der alle Gottesfurcht verschmähte, in die Schlacht, obwohl er durch Donner und Blitze daran gehindert wurde. Als er dass Heer verloren hatte und von Kummer geplagt wurde, stürzte er sich in den Fluss Himeros, der nach ihm in Eurotas umbenannt wurde.

(2) Hervorgebracht wird in ihm ein Stein, der einer Kopfbedeckung ähnelt und als Thrasydeilos (tapferer Feigling) bezeichnet wird. Beim Ertönen der Trompete rückt er nämlich an das Flussufer vor, aber wenn die Athener genannt werden, zieht er sich in das tiefe Wasser zurück. Viele geweihte Steine lagen im Tempel der Athena Chalkioikos, wie Nikanor von Samos *Über Flüsse*, Buch 2, berichtet.

(3) Es liegt neben diesem ein Berg, der den Zunamen Taÿgetos trägt, wobei der den Zunamen von der Nymphe Taÿgete erhalten hat, welche von Zeus vergewaltigt und geschändet wurde. Von Kummer geplagt, markierte sie das Ende ihres Lebens mit einer Schlinge auf den Gipfeln des Bergs Amyklaios, der nach ihr in Taÿgetos umbenannt wurde.

(4) Hervorgebracht wird in ihm wird eine Pflanze namens Charisia (Anmutige), die sich die Frauen zu Beginn des Frühlings um den Hals binden, um von ihren Männern leidenschaftlicher geliebt zu werden, wie Kleanthes in *Über Berge*, Buch 1, berichtet. Sosthenes von Knidos überliefert diese Dinge genauer, von dem Hermogenes das Thema übernahm.

18. INACHOS

Zu 18,1 und 3 vgl. Stob. 12.

(1) Inachos ist ein Fluss im Gebiet von Argos. Er wurde früher Karmanor genannt. Haliakmon, der aus Tiryns stammte und auf dem Berg Kokkygios Schafe hütete, sah unwissentlich Zeus

τῇ Ῥέᾳ συγγινόμενος τὸν Δία θεασάμενος ἐμμανὴς ἐγένετο καὶ μεθ' ὁρμῆς ἐνεχθεὶς ἔβαλεν ἑαυτὸν εἰς ποταμὸν Καρμάνορα, ὃς ἀπ' αὐτοῦ Ἀλιάκμων μετωνομάσθη·

προσηγορεύθη δὲ Ἴναχος δι' αἰτίαν τοιαύτην. Ἴναχος, Ὠκεανοῦ παῖς, φθαρείσης τῆς θυγατρὸς αὐτοῦ Ἰοῦς ὑπὸ Διὸς, τὸν θεὸν βλασφήμοις λοιδορίαις ἐπέπληττεν κατόπιν ἀκολουθῶν· ὁ δὲ ἀναξιοπαθήσας ἔπεμψεν αὐτῷ Τισιφόνην, μίαν τῶν Ἐρινύων· ἀφ' ἧς ἐξοιστρηλατούμενος ἔβαλεν ἑαυτὸν εἰς ποταμὸν Ἀλιάκμονα, ὃς ἀπ' αὐτοῦ Ἴναχος μετωνομάσθη.

(2) γεννᾶται δ' ἐν αὐτῷ βοτάνη κύ<ν>ουρα καλουμένη, πηγάνῳ προσόμοιος· ἣν αἱ γυναῖκες, ὅταν ἀκινδύνως ἐκτρῶσαι θελήσωσιν (θελήσουσιν), ἐν οἴνῳ βεβρεγμένην τοῖς ὀμφαλοῖς ἐπιτιθέασιν.

(3) εὑρίσκεται δ' ἐν αὐτῷ καὶ λίθος βηρύλλῳ παρόμοιος· ὃν ἐὰν κρατήσωσιν οἱ ψευδομαρτυρεῖν ἐθέλοντες, μέλας γίνεται. κεῖνται δὲ πολλοὶ ἐν τῷ τεμένει τῆς Προσυμναίας Ἥρας, καθὼς ἱστορεῖ Τιμόθεος ἐν Ἀργολικοῖς· μέμνηται δὲ τούτων καὶ Ἀγάθων ὁ Σάμιος ἐν β' περὶ Ποταμῶν.

Ἀγαθοκλῆς δὲ Μιλήσιος ἐν τοῖς περὶ Ποταμῶν φησὶ, τὸν Ἴναχον διὰ πανουργίαν ὑπὸ τοῦ Διὸς κεραυνωθέντα, ξηρὸν γενέσθαι.

(4) παράκεινται δ' αὐτῷ ὄρη Μυκῆναί τε καὶ Ἀπέσαντος (Ἀπαίσαντος) καὶ Κοκκύγιον (Κοκκύκιον) καὶ Ἀθηναῖον, τὰς προσηγορίας εἰληφότα διὰ τοιαύτην αἰτίαν. τὸ μὲν Ἀπέσαντον ἐκαλεῖτο πρότερον Σεληναῖον. Ἥρα γὰρ παρ' Ἡρακλέους δίκας βουλομένη λαβεῖν συνεργὸν παρέλαβε τὴν Σελήνην· ἡ δὲ ἐπῳδαῖς χρησαμένη μάγοις ἀφροῦ κίστην ἐπλήρωσεν, ἐξ ἧς γεννηθέντα λέοντα μέγιστον Ἶρις ταῖς ἰδίαις ζώναις ἐπισφίγξασα κατήνεγκεν εἰς ὄρος Ὀφέλτιον· ὁ δὲ ποιμένα τινὰ τῶν ἐγχωρίων Ἀπέσαντον (Ἀπαίσαντος) σπαράξας ἀνεῖλεν κατὰ δὲ θεῶν πρόνοιαν ὁ τόπος Ἀπέσαντος (Ἀπαίσαντος) ἀπ' αὐτοῦ μετωνομάσθη, καθὼς ἱστορεῖ Δημόδοκος ἐν α' Ἡρακλείας.

(5) γεννᾶται δ' ἐν αὐτῷ βοτάνη Σελήνη καλουμένη· τὸν δὲ καταφερόμενον ἀπ' αὐτῆς ἀφρὸν περὶ τὴν ἀρχὴν τοῦ θέρους

beim Geschlechtsverkehr mit Rhea, wurde wahnsinnig, machte sich voller Eifer auf und stürzte sich in den Fluss Karmanor, der nach ihm in Haliakmon umbenannt wurde.

Den Zunamen Inachos erhielt er aus einem Grund folgender Art: Inachos, ein Kind des Okeanos, begann, als seine Tochter Io von Zeus geschändet worden war, den Gott mit blasphemischen Beleidigungen zu tadeln, wobei er ihm hinterherlief. Empört schickte er Tisiphone, eine der Erinyen, zu ihm, von der gequält er sich in den Fluss Haliakmon stürzte, der nach ihm in Inachos umbenannt wurde.

(2) Hervorgebracht wird in ihm eine Pflanze namens Hundeschwanz (*kynoura*), welche der Weinraute ähnelt und welche die Frauen, wenn sie ohne Risiko eine Abtreibung haben wollen, auf ihren Nabel legen.

(3) Gefunden wird dort auch ein Stein, der dem Beryll ähnelt, der schwarz wird, wenn diejenigen, die falsches Zeugnis ablegen wollen, ihn anfassen. Viele liegen im Bezirk der Hera Proshymnaia, wie Timotheos in *Argolika* berichtet. Auch Agathon von Samos überliefert diese Dinge in *Über Flüsse*, Buch 2.

Agathokles von Miletos sagt in *Über Flüsse*, dass (der Fluss) Inachos, der wegen seiner Schurkerei von Zeus mit einem Blitz getroffen wurde, austrocknete.

(4) Daneben liegen die Berge Mykene, Apesantos, Kokkygios und Athenaios, die ihre Zunamen aus einem Grund folgender Art erhalten haben: Das Apesanton wurde früher Selenaion genannt. Hera, die Gerechtigkeit von Herakles erlangen wollte, nahm nämlich Selene als Mitstreiterin. Mit magischen Beschwörungsformeln füllte sie eine Truhe mit Schaum. Daraus entstand ein riesiger Löwe, den Iris, nachdem sie ihn mit ihrem eigenen Gürtel gefesselt hatte, zum Berg Opheltios hinuntertrug. Nachdem er einen der einheimischen Hirten, Apesantos, angegriffen hatte, tötete er ihn. Und durch die Bedachtsamkeit der Götter wurde der Ort nach ihm in Apesantos umbenannt, wie Demodokos in *Herakleia*, Buch 1, berichtet.

(5) Hervorgebracht wird in ihm eine Pflanze namens Selene; den von ihr hervorgebrachten Schaum heben zu Früh-

οἱ ποιμένες αἴροντες ἀλείφουσι τοὺς πόδας, καὶ οὐδὲν ὑπὸ τῶν ἑρπετῶν ἀδικοῦνται.

(6) Μυκῆναι δὲ ἐκαλοῦντο τὸ πρότερον Ἄργιον ἀπὸ Ἄργου τοῦ πανόπτου· μετωνομάσθη δὲ Μυκῆναι δι' αἰτίαν τοιαύτην. Περσέως Μέδουσαν ἀποκτείναντος, Σθενὼ (θεννὼ) καὶ Εὐρυάλη ὡς τῆς προειρημένης ἀδελφαὶ τῆς πεφονευμένης τὸν ἐπίβουλον ἐπεδίωκον· γενόμεναι δὲ κατὰ τοῦτον τὸν λόφον καὶ ἀπελπίσασαι τῆς συλλήψεως, διὰ τὴν συμπάθειαν μυκηθμὸν ἀνέδωκαν· οἱ δ' ἐγχώριοι τὴν ἀκρώρειαν ἀπὸ τοῦ συγκυρήματος Μυκήνας μετωνόμασαν, καθὼς ἱστορεῖ Κτησίας Ἐφέσιος ἐν α' Περσηίδος.

(7) Χρύσερμος δὲ ὁ Κορίνθιος ἐν α' Πελοποννησιακῶν ἱστορίας μέμνηται τοιαύτης. Περσέως φερομένου μετεώρου καὶ κατὰ τὸν λόφον γενομένου τοῦτον ἐξέπεσεν αὐτοῦ τῆς λαβῆς τοῦ ξίφους ὁ μύκης. Γοργοφόνος δὲ, ὁ βασιλεὺς Ἐπιδαυρίων, ἐκπεσὼν τῆς ἀρχῆς ἔλαβε χρησμὸν, ἐμπεριελθεῖν τὰς Ἀργολικὰς πόλεις καὶ ὅπου ἐὰν εὕρῃ ξίφους μύκητα, ἐκεῖ κτίσαι πόλιν. γενόμενος δὲ κατὰ τὸ Ἄργιον ὄρος καὶ εὑρὼν τὴν ἐλεφαντίνην λαβὴν πόλιν ἔκτισεν, ἣν ἀπὸ τοῦ συγκυρήματος προσηγόρευσε Μυκήνας.

(8) γεννᾶται δ' ἐν αὐτῷ λίθος κορύβας καλούμενος, τῇ χρόᾳ κοραξός· ὃν ἐὰν εὕρῃς καὶ ἔχῃς ἐν τῷ σώματι περικείμενον, κατ' οὐδὲν φοβῇ τὰς τετρατώδεις ὄψεις.

(9) τὸ δ' ὄρος <ἐκαλεῖτο Ἀπέσαντον ἀπὸ> Ἀπέσαντος τοῦ Ἀκρισίου. κυνηγετῶν γὰρ κατ' ἐκεῖνον τὸν τόπον καὶ πατήσας ἑρπετὸν δηλητήριον ἐτελεύτησεν· ὁ δὲ βασιλεὺς τὸν υἱὸν θάψας <τὸν> λόφον Ἀπέσαντον μετωνόμασεν, καλούμενον Σελινούντιον.

(10) ὄρος δὲ Κοκκύγιον διωνομάσθη (διονομάσθη) δι' αἰτίαν τοιαύτην. Ζεὺς Ἥρας τῆς ἀδελφῆς ἐρασθεὶς καὶ δυσωπούμενος τὴν ἀγαπωμένην ἐγέννησεν ἐξ αὐτῆς ἄρρεν· τό γ' οὖν καλούμενον ὄρος Λυρκήιον (Δυκήιον) ἀπὸ τοῦ συγκυρήματος Κοκκύγιον ὠνομάσθη, καθὼς ἱστορεῖ Ἀγαθώνυμος ἐν Περσ[η]ίδι.

lingsbeginn die Hirten auf und salben sich ihre Füße; so geschieht ihnen von den Reptilien kein Schaden.

(6) Mykene wurde früher Argios genannt, nach Argos dem Allsehenden. Umbenannt wurde es wurde aus einem Grund folgender Art in Mykene: Als Perseus Medusa getötet hatte, verfolgten Stheno und Euryale als Schwestern des vorgenannten Mordopfers den Täter. Als sie diesen Gipfel erreichten und die Hoffnung aufgegeben hatten, ihn zu fangen, stießen sie aus Verzweiflung einen Schrei (*mykethmos*) aus, und die Einheimischen nannten den Gipfel aus diesem Umstand in Mykene um, wie Ktesias von Ephesos in *Perseïs*, Buch 1, berichtet.

(7) Chrysermos von Korinthos überliefert einen Bericht folgender Art in *Peloponnesiaka*, Buch 1: Als Perseus in die Höhe getragen wurde und um diesen Hügel herumkam, fiel die Kappe (*myke*) seiner Schwertscheide aus ihrem Griff. Gorgophonos, der König von Epidauros, erhielt, nachdem er seine Macht verloren hatte, ein Orakel, er solle die Städte der Argolis besuchen und dort, wo er die Kappe einer Schwertscheide fand, eine Stadt gründen. Als er zum Berg Argios gekommen war und den Elfenbeingriff gefunden hatte, gründete er eine Stadt, die er aus diesem Umstand Mykene nannte.

(8) Hervorgebracht wird in ihm ein Stein namens Korybas, in der Farbe rabenschwarz (*koraxos*). Wenn man ihn, der herumliegt, findet und ihn an den Körper hält, wird man ungeheure Visionen nicht fürchten.

(9) Der Berg wurde Apesantos genannt nach Apesantos, Sohn des Akrisios. Weil er an diesem Ort jagte und auf eine Giftschlange getreten war, starb er. Der König Apesantos bestattete seinen Sohn und benannte den Hügel Apesantos um, der (vorher) Selinuntios hieß.

(10) Der Berg wurde aber aus einem Grund folgender Art Kokkygios genannt: Als sich Zeus in die Schwester der Hera verliebt hatte und seine Geliebte betörte, zeugte er mit ihr einen Jungen. Daraufhin wurde der Berg Lyrkeios aus diesem Umstand Kokkygios genannt, wie Agathonymos in *Persis* berichtet.

(11) φύεται δὲ ἐν αὐτῷ δένδρον, παλίνουρος καλούμενον· ἐφ' ᾧ ἄν τι καθίσῃ τῶν ἀλόγων ζώων, ὡς ὑπὸ ἰξοῦ κατέχεται, πάρεξ κόκκυγος· τούτου γὰρ φείδεται· καθὼς <ἱστορεῖ> Κτησιφῶν ἐν α' περὶ Δένδρων.

(12) Ἀθηναῖον δὲ ὄρος ἔλαβε τὴν προσηγορίαν ἀπὸ Ἀθηνᾶς· μετὰ γὰρ τὴν τοῦ Ἰλίου πόρθησιν Διομήδης εἰς Ἄργος ὑποστρέψας, εἰς τὸν Κεραύνιον ἀνέβη λόφον καὶ τέμενος Ἀθηνᾶς κατασκευάσας τὸ ὄρος ἀπὸ τῆς θεᾶς Ἀθηναῖον μετωνόμασεν.

(13) γεννᾶται δ' ἐν τῇ ἀκρωρείᾳ ῥίζα παρόμοιος πηγάνῳ· ἣν ἐὰν γυνὴ φάγῃ τις κατ' ἄγνοιαν, ἐμμανὴς γίνεται· καλεῖται δὲ Ἀδράστεια, καθὼς ἱστορεῖ Πλησίμαχος ἐν β' Νόστων.

19. ΑΛΦΕΙΟΣ

(1) Ἀλφειὸς ποταμός ἐστι τῆς Ἀρκαδίας κατὰ Πίσαν τῆς Ὀλυμπίας· ἐκαλεῖτο δὲ τὸ πρότερον Στύμφηλος ἀπὸ Στυμφήλου τοῦ Ἄρεως καὶ Δορμοθέας παιδός. οὗτος γὰρ τὸν υἱὸν Ἀλκμαίωνα τὸν φίλιππον ἀποβαλὼν καὶ ἀθυμίᾳ συσχεθεὶς ἑαυτὸν ἔρριψεν εἰς ποταμὸν Νύκτιμον· ὃς [καὶ] ἀπ' αὐτοῦ Στύμφηλος μετωνομάσθη. Ἀλφειὸς δὲ ἐκλήθη δι' αἰτίαν τοιαύτην. Ἀλφειὸς εἷς <τῶν> τὸ γένος [τῶν] ἀφ' Ἡλίου καταγαγόντων ἁμιλληθεὶς Κερκάφῳ τῷ ἀδελφῷ περὶ ἀρετῆς, ἀνεῖλε τὸν εἰρημένον καὶ ὑπὸ ποιμένων ἐλαυνόμενος ἔβαλεν ἑαυτὸν εἰς ποταμὸν Νύκτιμον, ὃς (καὶ) ἀπ' αὐτοῦ Ἀλφειὸς μετωνομάσθη.

(2) γεννᾶται δ' ἐν τῷ ποταμῷ τούτῳ βοτάνη κεγχρῖτις προσαγορευομένη, μελικήρῳ παρόμοιος· ἣν οἱ ἰατροὶ καθέψοντες πιεῖν διδόασι τοῖς ἀπηλλοτριωμένας ἔχουσι τὰς φρένας καὶ ἀπαλλάττουσιν αὐτοὺς τῆς μανίας, καθὼς ἱστορεῖ Κτησίας ἐν α' περὶ Ποταμῶν.

(3) παράκειται δὲ ὄρος καλούμενον ἀπὸ αἰτίας τοιαύτης. μετὰ τὴν γιγαντομαχίαν Κρόνος τὰς Διὸς ἀπειλὰς ἐκκλίνων

(11) Es wächst auf ihm ein Baum namens Palinuros, auf dem, wenn sich eines der vernunftlosen Tiere niederlässt, es wie von einer Mistel festgehalten wird – außer einem Kuckuck, denn den verschont er, wie Ktesiphon in *Über Bäume*, Buch 1, berichtet.

(12) Der Berg Athenaios erhielt seinen Zunamen von Athena. Als er nämlich nach der Plünderung von Ilios nach Argos zurückkehrte, bestieg Diomedes den Keraunios-Hügel und benannte, nachdem er einen Bezirk der Athena gegründet hatte, den Berg nach der Göttin in Athenaios um.

(13) Hervorgebracht wird auf dem Gipfel des Bergs eine Wurzel, die der Weinraute ähnelt, und wenn eine Frau sie unwissentlich isst, wird sie wahnsinnig. Sie wird Adrasteia genannt, wie Plesimachos in *Nostoi*, Buch 2, berichtet.

19. ALPHEIOS

(1) Alpheios ist ein Fluss in Arkadien bei Pisa von Olympia. Er wurde früher Stymphelos genannt, nach Stymphelos, dem Sohn von Ares und Dormothea. Dieser nämlich stürzte sich, als er seinen pferdebegeisterten Sohn Alkmaion verloren hatte und von Verzweiflung überwältigt wurde, in den Fluss Nyktimos, der nach ihm Stymphelos genannt wurde. Und er wurde aus einem Grund folgender Art Alpheios genannt: Alpheios, einer derjenigen, die von Helios abstammten, stritt mit seinem Bruder Kerkaphos um die Herrschaft, tötete den Vorgenannten und stürzte sich, von den Rächern vertrieben, in den Fluss Nyktimos, der nach ihm in Alpheios umbenannt wurde.

(2) Hervorgebracht wird in diesem Fluss eine Pflanze, die Kenchritis genannt wird und einer Honigwabe ähnelt, welche die Ärzte kochen und denjenigen zu trinken geben, die den Verstand verloren haben, um sie vom Wahnsinn zu erlösen, wie Ktesias in *Über Flüsse*, Buch 1, berichtet.

(3) Es liegt neben diesem ein Berg, der aus einem Grund folgender Art benannt wird: Nach der Schlacht der Giganten

εἰς ὄρος παρεγένετο Κτοῦρον, ὃν ἀπ' αὐτοῦ Κρόνιον μετωνόμασε· λαθὼν δὲ πρὸς ὀλίγον καιρὸν καὶ ἀφορμῆς δραξάμενος διῆρεν εἰς Καύκασον τῆς Σκυθίας.

(4) γεννᾶται δ' ἐν τῷ ὄρει τούτῳ κύλινδρος καλούμενος λίθος ἀπὸ τοῦ συγκυρήματος· ὁσάκις γὰρ ἂν ἀστράψῃ Ζεὺς ἢ βροντήσῃ, τοσαυτάκις ἀπὸ τῆς ἀκρωρείας διὰ φόβον κυλίεται, καθὼς ἱστορεῖ Δέρκυλλος ἐν α' περὶ Λίθων.

20. ΕΥΦΡΑΤΗΣ

(1) Εὐφράτης ποταμός ἐστι τῆς Παρθίας κατὰ Βαβυλῶνα πόλιν· ἐκαλεῖτο δὲ τὸ πρότερον Μῆδος ἀπὸ Μήδου τοῦ Ἀρταξέρξου παιδός. οὗτος γὰρ δι' ἐπιθυμίαν τὴν Κορδύου θυγατέρα Ῥωξάνην βιασάμενος διέφθειρεν· τῇ δ' ἐπιούσῃ τῶν ἡμερῶν ζητούμενος ὑπὸ τοῦ βασιλέως πρὸς κόλασιν, φόβῳ συσχεθεὶς ἑαυτὸν ἔβαλεν εἰς ποταμὸν Ξαράνδαν, ὃς ἀπ' αὐτοῦ Μῆδος ὠνομάσθη.

προσηγορεύθη δὲ Εὐφράτης δι' αἰτίαν τοιαύτην. Εὐφράτης, Ἀρανδάκου παῖς, τὸν υἱὸν Ἀξούρταν εὑρὼν μετὰ τῆς μητρὸς ἀναπαυόμενον καὶ ὑπολαβὼν ὑπάρχειν τῶν πολιτῶν τινα, διὰ ζήλου μισοπονηρίαν σπασάμενος τὸ ξίφος ἐλαιμοτόμησεν αὐτόν. τῆς δ' ἀνελπίστου πράξεως γενόμενος αὐτόπτης διὰ λύπης ὑπερβολὴν ἑαυτὸν ἔβαλεν εἰς ποταμὸν Μῆδον, ὃς ἀπ' αὐτοῦ Εὐφράτης μετωνομάσθη.

(2) γεννᾶται δ' ἐν αὐτῷ λίθος ἀστιγίτης καλούμενος· ὃν αἱ μαῖαι ταῖς δυστοκούσαις ἐπὶ τὰς γαστέρας ἐπιτιθέασι καὶ παραχρῆμα τίκτουσιν ἄτερ ἀλγηδόνος.

(3) γεννᾶται δ' ἐν αὐτῷ καὶ βοτάνη ἄξαλλα (ἔξαλλα) καλουμένη, μεθερμηνευομένη θερμόν· ταύτην οἱ τεταρταΐζοντες, ὅταν ἐπὶ τοῦ στήθους θῶσιν, ἀπαλλάττονται παραχρῆμα

zog sich Kronos auf der Flucht vor den Drohungen des Zeus auf den Berg Kturos zurück, der nach ihm in Kronios umbenannt wurde. Als er für kurze Zeit unbemerkt geblieben warm ergriff er die Gelegenheit und zog er sich in den Kaukasos von Skythien zurück.

(4) Hervorgebracht wird in dem Berg ein Stein, der aufgrund aus folgendem Umstand Kylindros (Zylinder) genannt wird: Wann immer nämlich Zeus blitzt oder donnert, rollt er (*kyliëtai*) aus Angst vom Gipfel herab, wie Derkyllos in *Über Steine*, Buch 1, berichtet.

20. EUPHRATES *Zu 20,1–2 vgl. Stob. 13, zu 20,4 Stob. 14.*

(1) Euphrates ist ein Fluss in Parthien in der Nähe der Stadt Babylon. Er wurde früher Medos genannt, nach Medos, dem Kind von Artaxerxes. Dieser vergewaltigte und schändete nämlich aus Begehren die Tochter des Kordyos, Rhoxane. Am folgenden Tag stürzte er sich, weil der König ihn bestrafen wollte und er Angst hatte, in den Fluss Xaranda, der nach ihm Medos genannt wurde.

Er erhielt den Zunamen Euphrates aus einem Grund folgender Art: Als Euphrates, das Kind des Arandakos, seinen Sohn Axurtas schlafend bei seiner Mutter entdeckte und annahm, er sei einer der Bürger, zog er aus Eifersucht sein Schwert und schnitt ihm die Kehle durch. Als er sich der hoffnungslosen Tat bewusst wurde, stürzte er sich in übermäßigem Kummer in den Fluss Medos, der nach ihm in Euphrates umbenannt wurde.

(2) Hervorgebracht wird in ihm wird ein Stein namens Aëtites (Adlerstein), den die Hebammen den Frauen, die schwere Wehen haben, auf den Bauch legen, und sofort gebären sie ohne Schmerzen.

(3) Hervorgebracht wird in auch eine Pflanze namens Axalla, übersetzt Thermon (Warm). Diejenigen, die Viertage-Fieber haben, werden, wenn sie diese auf ihre Brust legen, sofort

τῆς ἐπισημασίας, καθὼς ἱστορεῖ Χρύσερμος Κορίνθιος ἐν ιγ' περὶ Ποταμῶν.

(4) παράκειται δ' αὐτῷ ὄρος Δριμύλλον καλούμενον, ἐν ᾧ γεννᾶται λίθος σαρδώνυχι παρόμοιος, ᾧ ὃν οἱ βασιλεῖς ἐν ταῖς βασιλείαις χρῶνται· ποιεῖ δὲ ἄριστα πρὸς ἀμβλυωπίας εἰς ὕδωρ θερμὸν βαλλόμενος, καθὼς ἱστορεῖ Νικίας ὁ Μαλ<λ>ώτης ἐν τοῖς περὶ Λίθων.

21. ΚΑΪΚΟΣ

(1) Κάϊκος ποταμός τῆς Μυσίας· ἐκαλεῖτο δὲ τὸ πρότερον Ἀστραῖος ἀπὸ Ἀστραίου τοῦ Ποσειδῶνος. οὗτος γὰρ παννυχίδος Ἀθηνᾷ τελουμένης Ἀλκίππην τὴν ἀδελφὴν κατὰ ἄγνοιαν βιασάμενος ἔφθειρεν καὶ ἀφείλετο τῆς προειρημένης τὸν δακτύλιον· τῇ δ' ἐπιούσῃ τῶν ἡμερῶν ἐπιγνοὺς τὴν σφραγῖδα τῆς ὁμαίμου, διὰ λύπης ὑπερβολὴν ἔβαλεν ἑαυτὸν εἰς ποταμὸν Ἄδουρον, ὃς ἀπ' αὐτοῦ Ἀστραῖος μετωνομάσθη· προσηγορεύθη δὲ Κάϊκος δι' αἰτίαν τοιαύτην. Κάϊκος, Ἑρμοῦ καὶ Ὠκυρ<ρ>όης παῖς νύμφης, Τίμανδρον ἕνα τῶν εὐγενῶν φονεύσας καὶ τοὺς προσήκοντας αὐτῷ φοβούμενος, ἑαυτὸν ἔρριψεν εἰς τὸν Ἀστραῖον (Παυραῖον), ὃς ἀπ' αὐτοῦ Κάϊκος μετωνομάσθη.

(2) γεννᾶται δ' ἐν τῷ ποταμῷ μήκων, ἔχων ἀντὶ καρποῦ λίθον (λίθων)· ἐκ τούτων μέλανά τινα τυγχάνει παρόμοια πυροῖς (λυροῖς), ἅπερ οἱ Μυσοὶ (ἥμισυ) ῥίπτουσιν εἰς ἠροτριωμένην χώραν· κἂν μὲν ἀφορία μέλλῃ γίνεσθαι, μένει τῷ τόπῳ τὸ βληθέν· ἐὰν δ' εὐκαρπίαν σημαίνῃ, τὰ λιθάρια δίκην ἀκρίδων ἅλλεται.

(3) φύεται δὲ ἐν αὐτῷ καὶ βοτάνη <ἡλι>φάρμακος καλουμένη, ἣν οἱ ἰατροὶ ταῖς αἱμορραγούσαις τιθέασι καὶ τῶν φλεβῶν μεσολαβοῦσιν τὴν ἔκκρισιν, καθὼς ἱστορεῖ Τιμαγόρας ἐν α' περὶ Ποταμῶν.

von dem Symptom befreit, wie Chrysermos von Korinth in *Über Flüsse*, Buch 13, berichtet.

(4) Es liegt neben diesem ein Berg namens Drimyllon, in dem ein dem Sardonyx ähnlicher Stein hervorgebracht wird, den die Könige in ihrer königlichen Ausrüstung (Diadem?) verwenden. In heißes Wasser geworfen, ist er sehr wirksam bei Stumpfsichtigkeit, wie Nikias von Mallos in den (Büchern) *Über Steine* berichtet.

21. KAÏKOS

Zu 21, 1–3 vgl. Stob. 19, zu 21, 4–5 Stob. 20; zu 21, 4 Ar. 175.

(1) Kaïkos ist ein Fluss in Mysien. Er wurde früher Astraios genannt, nach Astraios, dem Sohn des Poseidon. Als das nächtliche Fest zu Ehren der Athena gefeiert wurde, vergewaltigte und schändete er nämlich unwissentlich seine Schwester Alkippe und nahm der Vorgenannten ihren (Siegel-)Ring ab. In den folgenden Tagen, als er das Siegel seiner Blutsverwandten erkannt hatte, stürzte er sich in übermäßigem Kummer in den Fluss Aduros, der nach ihm Astraios umbenannt wurde. Er erhielt den Zunamen Kaïkos aus einem Grund folgender Art: Kaïkos, das Kind des Hermes und der Nymphe Okyrrhoë, stürzte sich, nachdem er Timandros, einen der Wohlgeborenen, ermordet hatte, aus Angst vor seinen Verwandten in den Astraios, der nach ihm in Kaïkos umbenannt wurde.

(2) Hervorgebracht wird im Fluss ein Mohn, der keine Früchte, sondern Steine hat. Von diesen sind einige schwarz und ähneln Weizen, welchen die Myser auf gepflügtes Land werfen. Wenn es eine Hungersnot geben wird, bleibt das Geworfene an Ort und Stelle, aber wenn es eine gute Ernte anzeigt, hüpfen die Steinchen wie Heuschrecken umher.

(3) Es wächst auf ihm auch eine Pflanze namens Helipharmakos, die Ärzte bei Frauen mit Blutungen anwenden, um den Blutfluss zu beenden, wie Timagoras in *Über Flüsse*, Buch 1, berichtet.

(4) παράκειται δὲ αὐτῷ ὄρος Τεύθρας <καλούμενον> ἀπὸ Τεύθραντος, τοῦ Μυσῶν βασιλέως, ὃς κυνηγεσίας χάριν εἰς Θράσυλλον ὄρος ἀναβὰς καὶ θεασάμενος ὑπερμεγέθη κάπρον, ἐδίωκεν αὐτὸν μετὰ τῶν δορυφόρων· ὁ δὲ φθάσας κατέφυγεν ὡς ἱκέτης εἰς τὸ τῆς Ὀρθωσίας Ἀρτέμιδος ἱερόν· βιαζομένων δὲ πάντων εἰς τὸν ναὸν εἰσελθεῖν, ὁ σῦς ἀνθρωπίνῃ φωνῇ χρησάμενος ἐξάκουστον ἀνέκραγεν· »Φεῖσαι (φεῖσε), βασιλεῦ, τοῦ θρέμματος τῆς θεᾶς·« μετεωρισθεὶς δὲ Τεύθρας ἀνεῖλεν τὸ ζῶον. Ἄρτεμις δὲ μισοπονήρως ἐνεγκοῦσα τὴν πρᾶξιν, τὸ<ν> μὲν κάπρον ἀνεζωπύρησεν· τῷ δὲ παραιτίῳ τοῦ συγκυρήματος ἀλφὸν μετὰ μανίας ἔπεμψε. δυσωπούμενος δὲ τὸ πάθος ἐν ταῖς ἀκρωρείαις διέτριβεν. Λυσίππη δὲ, τοῦ προειρημένου μήτηρ, κατηχηθεῖσα περὶ τῶν συμβεβηκότων, εἰς τὴν ὕλην ἔδραμε, συνεπισπωμένη μάντιν τὸν Κοιράνου (κυρανοῦ) Πολύϊδον· παρ' οὗ πᾶσαν πολυπραγμονήσασα τὴν ἀλήθειαν, βουθυσίαις τῆς θεᾶς ἐξιλάσατο τὴν μισοπονηρίαν· καὶ ἀπολαβοῦσα τὸν υἱὸν σωφρονοῦντα, βωμὸν ἱδρύσατο Ἀρτέμιδος Ὀρθωσίας· κατεσκεύασε δὲ καὶ κάπρον χρύσεον, <εἰς> προτομὴν ἀνθρώπου ἠσκημένον. οὗτος μέχρι νῦν [ὥσπερ] διωκόμενος, κυνηγῶν εἰσελθόντων εἰς τὸν ναὸν, φωνὴν ἀναδίδωσι »φείδεσθε (ἰδέσθαι)«. Τεύθρας δὲ παρ' ἐλπίδα τὴν ἀρχέτυπον μορφὴν ἀναλαβὼν, τὸ ὄρος μετωνόμασε Τεύθραντα.

(5) γεννᾶται δ' ἐν αὐτῷ λίθος ἀντιπαθὴς καλούμενος, ὃς κάλλιστα ποιεῖ πρὸς ἀλφοὺς καὶ λέπρας (λέπρους) δι' οἴνου τριβόμενος, καθὼς ἱστορεῖ Κτησίας Κνίδιος ἐν β' περὶ Ὀρῶν.

22. ΑΧΕΛΩΙΟΣ

(1) Ἀχελῷος ποταμός ἐστι τῆς Αἰτωλίας· ἐκαλεῖτο δὲ πρότερον Θέστιος δι' αἰτίαν τοιαύτην. Θέστιος, Ἄρεως καὶ Πεισι-

(4) Es liegt neben diesem der Berg Teuthras, so genannt nach Teuthras, dem König der Myser, der wegen einer Jagd den Berg Thrasyllos bestieg und einen riesigen Eber erblickte, den er mit seiner Leibwache zu verfolgen begann. Der Eber floh vor ihm als Schutzflehender in den Tempel der Artemis Orthosia. Als alle vorwärts drängten, um das Heiligtum zu betreten, rief das Schwein, das sich einer menschlichen Stimme bedient hatte, laut genug, um gehört zu werden: »König, zieht euch zurück vom Zögling der Göttin!« Aber von (falschen) Hoffnungen beflügelt, tötete Teuthras das Tier. Und Artemis, die ihm die Tat übel nahm, belebte den Eber wieder; ihm aber schickte sie ihm aus diesem Umstand neben dem Wahnsinn auch Hautflecken. Er schämte sich der Krankheit und lebte in den Gipfeln. Als Lysippe, die Mutter des Vorgenannten, von den Geschehnissen erfuhr, lief sie in den Wald und nahm einen Seher mit, Polyïdos, den Sohn des Koiranos. Nachdem sie von ihm die ganze Wahrheit erfahren hatte, besänftigte sie den Hass der Göttin mit Rinderopfern und weihte, nachdem sie ihren Sohn wiedergefunden hatte, der wieder besonnen geworden war, der Artemis Orthosia einen Altar. Außerdem fertigte sie einen goldenen Eber an, der zu einer menschlichen Büste geformt war. Bis heute ruft der Verfolgte, wenn Jäger in den Tempel kommen: »Zieht euch zurück!« Und Teuthras, der unerwartet seine ursprüngliche Gestalt wiedererlangt hatte, benannte den Berg in Teuthras um.

(5) Hervorgebracht wird in ihm ein Stein namens Antipathes (Widerleid), der sehr wirksam gegen Hautflecken und Ausschläge ist, wenn er in Wein zerrieben wird, wie Ktesias von Knidos in *Über Berge*, Buch 2, berichtet.

22. ACHELOOS

(1) Acheloos ist ein Fluss in Aitolien. Er wurde früher aus einem Grund folgender Art Thestios genannt: Thestios, das

δίκης παῖς, διά τινα περίστασιν οἰκ[ε]ιακὴν ἀποδημήσας εἰς Σικυῶνα καὶ ἱκανὸν χρόνον διατρίψας, ὑπέστρεψεν εἰς τὸ πατρῷον ἔδαφος· εὑρὼν δὲ τὸν υἱὸν Καλυδῶνα μετὰ τῆς μητρὸς ἀναπαυόμενον καὶ μοιχὸν εἶναι δόξας, κατ' ἄγνοιαν ἐγονοκτόνησε· τῆς δὲ ἀνελπίστου πράξεως αὐτόπτης γενόμενος, ἑαυτὸν ἔρριψεν εἰς ποταμὸν Ἄξενον, ὃς ἀπ' αὐτοῦ Θέστιος μετωνομάσθη. προσηγορεύθη δὲ Ἀχελῷος ἀπὸ τοιαύτης αἰτίας. Ἀχελῷος, Ὠκεανοῦ καὶ Ναΐδος νύμφης παῖς, τῇ θυγατρὶ Κληστορίᾳ κατ' ἄγνοιαν συνερχόμενος καὶ ἀθυμίᾳ συσχεθεὶς, ἑαυτὸν ἔβαλεν εἰς ποταμὸν Θέστιον, ὃς ἀπ' αὐτοῦ Ἀχελῷος μετωνομάσθη.

(2) γεννᾶται δ' ἐν τῷ ποταμῷ τούτῳ βοτάνη ζάκλον καλουμένη, παρόμοιος (παρόμοιον) ἐρίῳ. ταύτην τρίψας ἂν εἰς οἶνον βάλῃς, ὕδωρ γίνεται καὶ τὴν μὲν ὀσμὴν ἔχει, τὴν δὲ δύναμιν οὐκ ἔχει.

(3) εὑρίσκεται δὲ καὶ λίθος πελιδνὸς τῷ χρώματι, λινουργὸς καλούμενος ἀπὸ τοῦ συγκυρήματος· ἐὰν γὰρ βάλῃς αὐτὸν εἰς ὀθόνιον, δι' ἔρωτος ἕνωσιν τὸ σχῆμα λαμβάνει καὶ ἄργιον γίνεται, καθὼς ἱστορεῖ Ἀντισθένης ἐν γ' Μελεαγρίδος. μέμνηται δὲ τούτων ἀκριβέστερον Διοκλῆς ὁ Ῥόδιος ἐν τοῖς Αἰτωλικοῖς.

(4) παράκειται δὲ αὐτῷ ὄρος Καλυδὼν καλούμενον, τὴν προσηγορίαν εἰληφὸς ἀπὸ Καλυδῶνος, τοῦ Ἄρεως καὶ Ἀστυνόμης παιδός. οὗτος γὰρ κατ' ἄγνοιαν λουομένην ἰδὼν Ἄρτεμιν, τὴν μορφὴν τοῦ σώματος μετέβαλεν εἰς πέτραν· κατὰ δὲ πρόνοιαν θεῶν τὸ ὄρος καλούμενον Γυρὸν ἀπ' αὐτοῦ Καλυδὼν μετωνομάσθη.

(5) γεννᾶται δ' ἐν αὐτῷ βοτάνη [ἡ] μύωψ προσαγορευομένη· ἣν ἐάν τις εἰς ὕδωρ βαλὼν νίψηται τὸ πρόσωπον, ἀποβάλλει τὴν ὅρασιν, Ἄρτεμιν δὲ ἐξιλασάμενος ἀνακτᾶται τὸ φῶς, καθὼς ἱστορεῖ Δέρκυλλος ἐν γ' Αἰτωλικῶν.

Kind von Ares und Peisidike, kehrte, nachdem er wegen einer häuslichen Angelegenheit nach Sizilien gegangen war und dort lange genug geblieben war, auf den Boden seiner Vorfahren zurück. Als er seinen Sohn Kalydon im Bett mit seiner Mutter entdeckte und ihn für einen Ehebrecher hielt, ermordete er unwissentlich seinen eigenen Sprössling. Nachdem er sich der hoffnungslosen Tat bewusst geworden war, stürzte er sich in den Fluss Axenos, der nach ihm in Thestios umbenannt wurde. Er erhielt den Zunamen Acheloos aus einem Grund folgender Art: Acheloos, ein Sohn von Okeanos und Naïs, einer Nymphe, stürzte sich, nachdem er unwissentlich Geschlechtsverkehr mit seiner Tochter Klestoria hatte und von Verzweiflung überwältigt wurde, in den Fluss Thestios, der nach ihm in Acheloos umbenannt wurde.

(2) Hervorgebracht wird in diesem Fluss eine Pflanze namens Zaklon, die Wolle ähnelt. Wenn man sie zerkleinert und in Wein wirft, wird sie zu Wasser und hat zwar das Bouquet, hat aber nicht die Kraft.

(3) Gefunden wird auch ein Stein, der von blasser Farbe ist und aus folgendem Umstand Linurgos (Leinenwerker) genannt wird: Wenn man ihn auf Zupfleinen wirft, nimmt er nämlich durch erotische Begierde die Vereinigung als Gestalt an und wird weiß, wie Antisthenes in *Meleagris*, Buch 3, berichtet. Und Diokles von Rhodos überliefert diese Dinge genauer in den *Aitolika*.

(4) Es liegt neben diesem sich ein Berg namens Kalydon, der seinen Zunamen von Kalydon, dem Sohn von Ares und Astynome, erhalten hat. Als er nämlich unwissentlich Artemis beim Baden gesehen hatte, verwandelte er seinen Körper in einen Felsen. Und durch die Bedachtsamkeit der Götter wurde der Berg namens Gyros nach ihm in Kalydon umbenannt.

(5) Hervorgebracht wird in ihm wird eine Pflanze namens Bremse (*myops*). Wenn jemand, der sie ins Wasser geworfen hat, sein Gesicht wäscht, verliert er sein Augenlicht; wenn er aber dann Artemis angefleht hat, erlangt er das Licht wieder, wie Derkyllos in *Aitolika*, Buch 3, berichtet.

23. ΑΡΑΞΗΣ

(1) Ἀράξης ποταμός ἐστι τῆς Ἀρμενίας, τὴν προσηγορίαν εἴληφὼς ἀπὸ Ἀράξου τοῦ Πύλου. οὗτος γὰρ πρὸς Ἄρβηλον τὸν πάππον ὑπὲρ σκήπτρων ἁμιλλώμενος, αὐτὸν (αὐτῷ) κατετόξευσε· ποινηλατούμενος δὲ ὑπὸ Ἐρινύων, ἑαυτὸν ἔρριψεν εἰς ποταμὸν Βάκτρον, ὃς ἀπ' αὐτοῦ Ἀράξης μετωνομάσθη, καθὼς ἱστορεῖ Κτησιφῶν ἐν α' Περσικῶν. Ἀράξης, Ἀρμενίων βασιλεὺς, πρὸς τοὺς πλησιοχώρους Πέρσας πόλεμον ἔχων, καὶ τῆς παρατάξεως παρελκομένης, χρησμὸν ἔλαβεν, αὐτὸν ἔσεσθαι τῆς νίκης ἐγκρατῆ, ἐὰν θεοῖς ἀποτροπαίοις θύσῃ δύο τὰς εὐγενεστάτας παρθένους. ὁ δὲ διὰ φιλότεκνον εὔνοιαν τῶν ἰδίων θυγατέρων φεισάμενος, ἑνὸς τῶν ὑποτεταγμένων κόρας περιβλέπτους τοῖς βωμοῖς προσαγὼν ἀνεῖλεν. Μνησάλκης δὲ, ὁ τῶν φονευθεισῶν πατὴρ, βαρέως ἤνεγκεν τὴν πρᾶξιν, πρὸς καιρὸν στέξας τὴν ὕβριν· ἀφορμῆς δὲ δραξάμενος ἐξ ἐνέδρας τὰς τοῦ τυράννου θυγατέρας ἀπέκτεινε, καὶ καταλιπὼν τὸ πατρῷον ἔδαφος εἰς Σκυθίαν ἔπλευσεν. Ἀράξης δὲ περὶ τῶν συμβεβηκότων κατηχηθεὶς καὶ ἀθυμίᾳ συσχεθεὶς, ἑαυτὸν ἔρριψεν εἰς ποταμὸν Ἅλμον, ὃς ἀπ' αὐτοῦ Ἀράξης μετωνομάσθη.

(2) γεννᾶται δ' ἐν αὐτῷ βοτάνη ἀράξα καλουμένη τῇ διαλέκτῳ τῶν ἐγχωρίων, ἥτις μεθερμηνευομένη λέγεται μισοπάρθενος· ἅμα γὰρ εὑρεθῆναι τὴν προειρημένην ὑπὸ παρθένων, αἵματος ποιησαμένη καταφορὰν μαραίνεται.

(3) καὶ λίθος δὲ γεννᾶται Σικύωνος καλούμενος μελάγχρους. οὗτος ὅταν τις χρησμὸς ἀνθρωποκτόνος ἐμπέσῃ, τοῖς βωμοῖς τῶν ἀποτροπαίων θεῶν ὑπὸ δυεῖν ἐπιτίθεται παρθένων. τοῦ δὲ ἱερέως αὐτοῦ τῇ μαχαίρᾳ θιγόντος, αἵματος ἔκλυσις γίνεται δαψιλής. καὶ τούτῳ τῷ χρόνῳ τὴν δεισιδαιμονίαν τελέσαντες μετ' ὀλολυγμῶν ἀναχωροῦσι, τὸν λίθον πρὸς τὸν ναὸν προσενέγκαντες, καθὼς ἱστορεῖ Δωρόθεος ὁ Χαλδαῖος ἐν β' περὶ Λίθων.

23. ARAXES

(1) Araxes ist ein Fluss in Armenien, der seinen Zunamen von Araxos, dem Sohn des Pylos, erhalten hat. Als er mit Arbelos, seinem Großvater, um das Zepter gestritten hatte, tötete er ihn mit einem Pfeil. Von den Erinyen verfolgt, stürzte er sich in den Fluss Baktros, der nach ihm in Araxes umbenannt wurde, wie Ktesiphon in *Persika*, Buch 1, berichtet. Araxes, König von Armenien, erhielt im Krieg mit den benachbarten Persern, der sich in die Länge zog, ein Orakel, dass er den Sieg erringen würde, wenn er den unheilabwendenden Göttern zwei sehr wohlgeborene Jungfrauen opfern würde. Nachdem er seine eigenen Töchter aus väterlicher Hingabe verschont hatte, führte er die bewunderten Töchter eines seiner Untertanen zu den Altären und tötete sie. Mnesalkes, der Vater der Opfer, ertrug die Tat nur schwer, wobei er seine Schandtat für einen günstigen Moment verbarg. Und als er die Gelegenheit ergriffen hatte, tötete er aus dem Hinterhalt die Töchter des Tyrannen und segelte, nachdem er den Boden seiner Vorfahren verlassen hatte, nach Skythien. Als Araxes erfuhr, was geschehen war, stürzte er sich, von Verzweiflung überwältigt, in den Fluss Halmos, der nach ihm in Araxes umbenannt wurde.

(2) Hervorgebracht wird in ihm eine Pflanze, die im Dialekt der Einheimischen Araxa genannt wird, was übersetzt Jungfrauenhasser bedeutet. Wenn die Vorgenannte von Jungfrauen gefunden wird, verdorrt sie nämlich, nachdem sie eine Blutung verursacht hat.

(3) Auch ein Stein wird hervorgebracht, namens Sikyonos, von schwarzer Farbe. Wann immer ein Orakel über einen Mord stattfindet, wird dieser Stein von einem Jungfrauenpaar auf den Altären der unheilabwehrenden Götter platziert. Wenn der Priester ihn mit seinem Messer berührt, fließt reichlich Blut. Diejenigen, die den gottesfürchtigen (Ritus) auf diese Weise vollzogen haben, ziehen sich klagend zurück, nachdem sie den Stein zum Heiligtum getragen haben, wie Dorotheos der Chaldäer in *Über Steine*, Buch 2, berichtet.

(4) παράκειται δὲ αὐτῷ ὄρος Δίορφον καλούμενον ἀπὸ Διόρφου τοῦ γηγενοῦς, περὶ οὗ φέρεται ἱστορία τοιαύτη. Μίθρας υἱὸν ἔχειν βουλόμενος καὶ τὸ τῶν γυναικῶν γένος μισῶν πέτρᾳ τινὶ προσεξέθορεν (προσεξέθερεν). ἔγκυος δὲ ὁ λίθος γενόμενος μετὰ τοὺς ὡρισμένους χρόνους ἀνέδωκε νέον τοὔνομα Δίορφον· ὃς ἀκμάσας καὶ εἰς ἅμιλλαν ἀρετῆς τὸν Ἄρη προκαλεσάμενος ἀνῃρέθη· οὗτος κατὰ πρόνοιαν θεῶν εἰς ὁμώνυμον ὄρος μετεμορφώθη.

(5) γεννᾶται δ' ἐν αὐτῷ δένδρον ῥοιᾷ παραπλήσιον, καρπὸν δ' ἄφθονον τρέφει μήλων τὴν γεῦσιν ἔχοντα, σταφυλῇ παρόμοιον. ἐκ ταύτης τῆς ὀπώρας πέπειρον ἐάν τις καθελὼν ὀνομάσῃ τὸν Ἄρη, γίνεται κρατούμενος χλωρός, καθὼς ἱστορεῖ Κτησιφῶν ἐν ιγ' περὶ Δένδρων.

24. ΤΙΓΡΙΣ

(1) Τίγρις ποταμός ἐστι τῆς Ἀρμενίας, τὸν ῥοῦν καταφέρων εἴς τε τὸν Ἀράξην καὶ τὴν Ἀρσακίδα λίμνην· ἐκαλεῖτο δὲ τὸ πρότερον Σόλλαξ, ὅπερ μεθερμηνευόμενόν ἐστι κατωφερής· ὠνομάσθη δὲ Τίγρις δι' αἰτίαν τοιαύτην. Διόνυσος κατὰ πρόνοιαν Ἥρας ἐμμανὴς γενόμενος, περιήρχετο γῆν τε καὶ θάλατταν, ἀπαλλαγῆναι τοῦ πάθους θέλων· γενόμενος δὲ ἐν τοῖς κατ' Ἀρμενίαν τόποις καὶ τὸν προειρημένον ποταμὸν διελθεῖν μὴ δυνάμενος, ἐπεκαλέσατο τὸν Δία· γενόμενος δὲ ἐπήκοος ὁ θεὸς, ἔπεμψεν αὐτῷ τίγριν, ἐφ' ἧς ἀκινδύνως προσενεχθεὶς, εἰς τιμὴν τῶν συμβεβηκότων τὸν ποταμὸν Τίγριν μετωνόμασεν, καθὼς ἱστορεῖ Θεόφιλος ἐν α' περὶ Λίθων.

Ἑρμησιάναξ δὲ ὁ Κύπριος ἱστορίας μέμνηται τοιαύτης. Διόνυσος ἐρασθεὶς Ἀλφεσιβοίας νύμφης καὶ μήτε δώροις μήτε δεήσεσι πεῖσαι δυνάμενος, εἰς τὴν προειρημένην τίγριν μετέβαλε τὴν μορφὴν τοῦ σώματος· καὶ φόβῳ πείσας τὴν

(4) Es liegt neben diesem ein Berg, der Diorphos genannt wird, nach Diorphos dem Erdgeborenen, über den die folgende Geschichte kursiert: Mithras, der sich einen Sohn wünschte und das Geschlecht der Frauen verachtete, bestieg einen Felsen. Als der Stein nach der bestimmten Zeit schwanger wurde, gebar er einen Sohn namens Diorphos. Als er seine Blütezeit erreicht hatte und Ares zu einem Tapferkeitswettstreit herausforderte, wurde er getötet. Durch die Bedachtsamkeit der Götter wurde der Berg in einen gleichnamigen Stein verwandelt.

(5) Hervorgebracht wird in ihm ein Baum, der dem Granatapfelbaum sehr ähnlich ist; er trägt eine reiche Ernte an Früchten, einer Weintraube ähnlich. Wenn jemand, nachdem er eine dieser reifen Früchte gepflückt hat, den Namen des Ares ausspricht, wird sie nach dem Pflücken wieder unreif, wie Ktesiphon in *Über Bäume*, Buch 13, berichtet.

24. TIGRIS *Zu 24,1 und 4 vgl. Stob. 21, zu 24,2 Ar. 159.*

(1) Tigris ist ein Fluss in Armenien, der in den Araxes und den arsakidischen See mündet. Er wurde früher Sollax genannt, was übersetzt »Versunkener« bedeutet. Aus einem Grund folgender Art wurde er Tigris genannt: Als Dionysos durch die Bedachtsamkeit Heras wahnsinnig geworden war, durchstreifte er das Land und das Meer, um seinem Leiden ein Ende zu setzen. Als er sich in der Gegend um Armenien befand und den vorgenannten Fluss nicht überqueren konnte, rief er Zeus an. Der Gott erhört ihn und schickte ihm einen Tiger, auf dem er den Fluss sicher überquerte und dann zu Ehren des Geschehenen den Fluss in Tigris umbenannte, wie Theophilos in *Über Steine*, Buch 1, berichtet.

Hermesianax von Kypros überliefert einen Bericht dieser Art: Als Dionysos sich in Alphesiboia, eine Nymphe, verliebt hatte und sie weder durch Geschenke noch durch Bitten für sich gewinnen konnte, verwandelte er die Gestalt seines Körper in den vorgenannten Tiger. Nachdem er durch Furcht die

ἀγαπωμένην, ἀνέλαβεν αὐτήν· καὶ διὰ τοῦ ποταμοῦ κομίσας ἐγέννησεν υἱὸν Μῆδον· ὃς ἀκμάσας εἰς τιμὴν τοῦ συγκυρήματος τὸν ποταμὸν Τίγριν μετωνόμασεν, καθὼς ἱστορεῖ Ἀριστώνυμος ἐν γ' <τῶν Ποταμῶν>.

(2) γεννᾶται δ' ἐν αὐτῷ λίθος μυνδὰν καλούμενος, πάνυ λευκός· ὃν ἐὰν κατέχῃ τις, οὐδὲν ὑπὸ θηρίων ἀδικεῖται, καθὼς ἱστορεῖ Λέων ὁ Βυζάντιος ἐν γ' περὶ Ποταμῶν.

(3) παράκειται δὲ αὐτῷ ὄρος Γαύραν<ον> καλούμενον ἀπὸ Γαυράν<ου> τοῦ Ῥωξάνου σατράπου· ὃς εὐσεβὴς ὢν πρὸς τοὺς θεοὺς, τῆς ἀμοιβαίας ἔτυχε χάριτος. μόνος ἐκ πάντων τῶν Περσῶν τριακοσίοις ἔτεσι ζήσας καὶ ἄτερ νόσου τινὸς τελευτήσας, ἐν ταῖς ἀκρωρείαις τοῦ Γαυρανοῦ ταφῆς ἠξιώθη πολυτελοῦς· κατὰ δὲ πρόνοιαν θεῶν τὸ ὄρος ἀπ' αὐτοῦ Μαύρανον μετωνομάσθη.

(4) γεννᾶται δ' ἐν αὐτῷ βοτάνη κριθῇ παρόμοιος ἀγρίᾳ· ταύτην οἱ ἐγχώριοι θερμαίνοντες ἐλέῳ καταλειφόμενοι οὐδέποτε νοσοῦσι μέχρι ἀνάγκης τοῦ θανάτου, καθὼς ἱστορεῖ Σώστρατος ἐν α' Μυθικῶν ἱστορίας <συν>αγωγῆς.

25. ΙΝΔΟΣ

(1) Ἰνδὸς ποταμός ἐστι τῆς Ἰνδίας, ῥοίζῳ μεγάλῳ καταφερόμενος εἰς τὴν τῶν Ἰχθυοφάγων γῆν· ἐκαλεῖτο δὲ πρότερον Μαυσωλὸς ἀπὸ Μαυσωλοῦ τοῦ Ἡλίου· μετωνομάσθη δὲ δι' αἰτίαν τοιαύτην. <τῶν> τοῦ Διονύσου μυστηρίων τελουμένων καὶ τῶν ἐγχωρίων τῇ δεισιδαιμονίᾳ προσευκαιρούντων, Ἰνδὸς, τῶν ἐπισήμων νέος, τὴν Ὀξυάλκου τοῦ βασιλέως θυγατέρα Δαμασαλκίδαν κανηφο[υ]ροῦσαν βιασάμενος ἔφθειρεν· ζητούμενος δὲ ὑπὸ τοῦ τυράννου πρὸς κόλασιν, διὰ

Geliebte gewonnen hatte, nahm er sie zu sich. Nachdem er sie durch den Fluss gebracht hatte, zeugte er einen Sohn, Medos. Als dieser herangewachsen war, nannte er zu Ehren dieses Umstands den Fluss in Tigris um, wie Aristonymos in *Über Flüsse*, Buch 3 berichtet.

(2) Hervorgebracht wird in ihm ein Stein namens Myndan, der sehr weiß ist. Wenn jemand ihn in der Hand hält, erleidet er keine Verletzung durch wilde Tiere, wie Leon von Byzantion in *Über Flüsse*, Buch 3, berichtet.

(3) Es liegt neben diesem ein Berg, der Gauranos genannt wird, nach Gauranos, dem Sohn von Rhoxane, einem Satrapen, der sich durch seine Pietät gegenüber den Göttern die Gegengabe eine Gunst erhielt: Als er als einziger von allen Persern starb er erst, nachdem er 300 Jahre lang ohne jede Krankheit gelebt hatte, und wurde für würdig befunden, in den Gipfeln des Gauranos ein großzügiges Grab zu erhalten. Und durch die Bedachtsamkeit der Götter wurde der Berg nach ihm in Mauranos umbenannt.

(4) Hervorgebracht wird in ihm eine Pflanze, die wilder Gerste ähnelt. Wenn die Einheimischen diese in Öl erwärmen und sich aufsalben, werden sie niemals krank, bis sie sterben müssen, wie Sostratos in der *Sammlung von Mythen-Geschichte*, Buch 1.

25. INDOS

Zu 25,1 und 3 vgl. Stob. 22.

(1) Indos ist ein Fluss in Indien, der in einem großen Schwall zum Land der Ichthyophagen hinabgetragen wird. Er wurde früher Mausolos genannt, nach Mausolos, dem Sohn des Helios, wurde aber aus einem Grund folgender Art umbenannt: Als die Mysterien des Dionysos zelebriert wurden und die Einheimischen in ihrer Gottesfurcht beschäftigt waren, griff Indos, ein junger Mann von Rang, die Tochter des Königs Oxyalkos an, Damasalkida, die einen Prozessionskorb trug, vergewaltigte und schändete sie. Vom Tyrannen zwecks Bestrafung ge-

φόβον ἑαυτὸν ἔβαλεν εἰς ποταμὸν Μαυσωλὸν, ὃς ἀπ' αὐτοῦ Ἰνδὸς μετωνομάσθη.

(2) γεννᾶται δ' ἐν αὐτῷ λίθος <...> προσαγορευόμενος, ὃν ὅταν φορῶσιν αἱ παρθένοι, κατ' οὐδένα τρόπον τοὺς φθορέας φοβοῦνται.

(3) φύεται δὲ καὶ βοτάνη, βουγλώσσῳ παρόμοιος· ποιεῖ δ' ἄριστα πρὸς ἰκτέρικους μετὰ ὕδατος χλιαροῦ διδομένη τοῖς πάσχουσιν, καθὼς ἱστορεῖ Κλειτοφῶν ὁ Ῥόδιος ἐν ι' Ἰνδικῶν.

(4) παράκειται δ' αὐτῷ ὄρος, Λίλαιον προσαγορευόμενον ἀπὸ Λιλαίου ποιμένος. οὗτος γὰρ δεισιδαίμων ὑπάρχων καὶ μόνην (μόνας) σεβόμενος τὴν Σελήνην, νυκτὸς βαθείας ἐκελεῖ τὰ μυστήρια τῆς προειρημένης. βαρέως δὲ οἱ λοιποὶ θεοὶ ἀτιμίαν φέροντες, ἔπεμψαν αὐτῷ δύο λέοντας ὑπερμεγέθεις· ὑφ' ὧν διασπαραχθεὶς τὸν βίον ἐξέλιπε (ἐξέλειπεν) Σελήνη δὲ τὸν εὐεργέτην μετέβαλεν εἰς ὁμώνυμον ὄρος.

(5) γεννᾶται δὲ ἐν αὐτῷ λίθος κλ<ε>ιτορὶς ὀνομαζόμενος· ἔστι δὲ λίαν μελάγχρους· ὃν κόσμου χάριν οἱ ἐγχώριοι φοροῦσιν ἐν τοῖς [σ]ὠταρίοις, καθὼς ἱστορεῖ Ἀριστοτέλης ἐν δ' περὶ Ποταμῶν.

sucht, stürzte er sich aus Angst in den Fluss Mausolos, der nach ihm in Indos umbenannt wurde.

(2) Hervorgebracht wird in ihm ein Stein, der als <…> bezeichnet wird. Wenn Jungfrauen ihn tragen, brauchen sie in keiner Weise Schänder zu fürchten.

(3) In ihm wächst auch eine Pflanze, die einer Ochsenzunge ähnelt. Sie ist besonders wirksam bei Gelbsucht, wenn sie mit lauwarmem Wasser verabreicht wird, wie Kleitophon von Rhodos in *Indika*, Buch 10, berichtet.

(4) Es liegt neben diesem ein Berg, der Lilaios genannt wird, nach Lilaios, einem Hirten. Dieser nämlich, der gottesfürchtig war und allein Selene verehrte, zelebrierte in der Tiefe der Nacht die Mysterien der Vorgenannten. Die übrigen Götter nahmen die Schmach übel und schickten ihm zwei übergroße Löwen, von denen er zerrissen wurde und aus dem Leben schied. Selene aber verwandelte ihren Wohltäter in einen gleichnamigen Berg.

(5) Hervorgebracht wird in ihm ein Stein namens Kleitoris. Er ist von sehr schwarzer Farbe. Die Einheimischen tragen ihn zur Zierde in den Ohren, wie Aristoteles in *Über Flüsse*, Buch 4, berichtet.

Paralleltexte

Aristoteles, *De mirabilibus auscultationibus (Mirabilia)*

(158) [846a] ἐν τῷ Φάσιδι ποταμῷ γεννᾶσθαι ῥάβδον ὀνομαζομένην λευκόφυλλον, ἣν οἱ ζηλότυποι τῶν ἀνδρῶν δρεπόμενοι ῥίπτουσι περὶ τὸν παρθένιον θάλαμον, καὶ ἀνόθευτον τηροῦσι τὸν γάμον.

(159) ἐν δὲ τῷ Τίγριδι γίνεσθαί φασι λίθον μωδῶν κεκλημένον βαρβαρικῶς, τῇ χρόᾳ πάνυ λευκόν, ὃν ἐὰν κατέχῃ τις, ὑπὸ θηρίων οὐδὲν ἀδικεῖται.

(160) ἐν δὲ τῷ Σκαμάνδρῳ γίνεσθαί φασι βοτάνην σίστρον καλουμένην, παραπλησίαν ἐρεβίνθῳ, κόκκους δ' ἔχει σειομένους, ὅθεν τὴν προσηγορίαν ἔλαβε· ταύτην τοὺς κατέχοντας μήτε δαιμόνιον μήτε φαντασίαν ἡντιναοῦν φοβεῖσθαι.

(162) [846b] περὶ τὸ Σίπυλον ὄρος γίνεσθαί φασι λίθον παρόμοιον κυλίνδρῳ, ὃν οἱ εὐσεβεῖς υἱοὶ ὅταν εὕρωσιν, ἐν τῷ τεμένει τῆς μητρὸς τῶν θεῶν τιθέασι, καὶ οὐδέποτε χάριν ἀσεβείας ἁμαρτάνουσιν, ἀλλ' ἀεί εἰσι φιλοπάτορες.

(163) ἐν ὄρει Τηϋγέτῳ γίνεσθαι βοτάνην καλουμένην χαρισίαν, ἣν γυναῖκες ἔαρος ἀρχομένου τοῖς τραχήλοις περιάπτουσι, καὶ ὑπὸ τῶν ἀνδρῶν συμπαθέστερον ἐρῶνται.

Paralleltexte

Aristoteles, *Wundersame Hörstücke*

(158) [846a] Im Fluss Phasis soll ein Schilfrohr mit den Namen Leukophyllos (Weißblatt) hervorgebracht werden, welches die eifersüchtigen Männer pflücken, dann um das Brautgemach legen und so die Ehe unverletzt bewahren. – Vgl. *De fluviis* 5,2.

(159) Im Tigris soll es einen Stein geben, der in der Barbarensprache Modon heißt, in der Färbung ganz weiß. Wenn jemand ihn besitzt, geschieht ihm von wilden Tieren kein Schaden. – Vgl. *De fluviis* 24,2.

(160) Im (Fluss) Skamandros soll es eine Pflanze geben, die Sistron (Rassel) genannt wird, ganz ähnlich der Kichererbse. Sie enthält Kerne, die man schüttelt (*seiomenus*), woher sie auch ihren Zunamen erhalten hat. Alle, die sie bei sich tragen, können weder von einem Dämon noch von irgendeiner Vision in Furcht versetzt werden. – Vgl. *De fluviis* 13,2.

(162) [846b] Am Berg Sipylos soll es einen Stein geben, ganz ähnlich einem Zylinder, den die pietätvollen Söhne, wenn sie ihn finden, im heiligen Bezirk der Mutter der Götter niederlegen, und niemals verfehlen sie sich aus Pietätlosigkeit Fehler, sondern zeigen stets Elternliebe. – Vgl. *De fluviis* 9,5.

(163) Auf dem Berg Taÿgetos soll es eine Pflanze geben, die Charisia (Anmutige) genannt wird; Frauen hängen sie sich bei Frühlingsbeginn um den Hals und werden dann von den Männern leidenschaftlicher geliebt. – Vgl. *De fluviis* 17,4.

(166) ἐν τῷ Νείλῳ ποταμῷ γεννᾶσθαι λίθον φασὶ κυάμῳ παρόμοιον, ὃν ἂν κύνες ἴδωσιν, οὐχ ὑλακτοῦσι. συντελεῖ δὲ καὶ τοῖς δαίμονί τινι γενομένοις κατόχοις· ἅμα γὰρ τῷ προστεθῆναι ταῖς ῥισὶν ἀπέρχεται τὸ δαιμόνιον.

(167) ἐν δὲ τῷ Μαιάνδρῳ ποταμῷ τῆς Ἀσίας λίθον φασὶ σώφρονα καλούμενον κατ' ἀντίφρασιν· ὃν ἐάν τις εἴς τινος ἐμβάλῃ κόλπον, ἐμμανὴς γίνεται καὶ φονεύει τινὰ τῶν συγγενῶν.

(171) [847a] παρὰ Λυκόρμᾳ ποταμῷ γεννᾶσθαι βοτάνην λόγχῃ παρόμοιον, συντελοῦσαν πρὸς ἀμβλυωπίαν ἄριστα.

(173) ἐν ὄρει Βερεκυνθίῳ γεννᾶσθαι λίθον καλούμενον μάχαιραν, ὃν ἐὰν εὕρῃ τις, τῶν μυστηρίων τῆς Ἑκάτης ἐπιτελουμένων ἐμμανὴς γίνεται, ὡς Εὔδοξός φησιν.

(174) ἐν ὄρει δὲ Τμώλῳ γεννᾶσθαι λίθον παρόμοιον κισσήρει, ὃς τετράκις τῆς ἡμέρας ἀλλάσσει τὴν χρόαν· βλέπεσθαι δὲ ὑπὸ παρθένων τῶν μὴ τῷ χρόνῳ φρονήσεως μετεχουσῶν.

(175) [847b] ἐν Ἀρτέμιδος Ὀρθωσίας βωμῷ ταῦρον ἵστασθαι χρύσειον, ὃς κυνηγῶν εἰσελθόντων φωνὴν ἐπαφίησιν.

(166) Im Fluss Nil soll ein Stein hervorgebracht werden, der einer Bohne ganz ähnlich ist. Wenn Hunde diesen sehen, bellen sie nicht. Er hilft aber auch denen, die von irgendeinem Dämon besessen sind: Sobald er ihnen nämlich unter die Nase gehalten wird, verschwindet der Dämon. – Vgl. *De fluviis* 16,2.

(167) In dem Maiandros-Fluss in (Klein-)Asien soll es einen Stein geben, den man im Sinne des Gegenteils Besonnen (*sophron*) nennt: Wenn jemand diesen einem anderen in den Schoß wirft, wird er verrückt und tötet einen seiner Verwandten. – Vgl. *De fluviis* 9,3.

(171) [847a] Am Fluss Lykormas soll eine Pflanze hervorgebracht werden, die einer Lanze ganz ähnlich ist; sie ist ein sehr gutes Mittel gegen Stumpfsichtigkeit. – Vgl. *De fluviis* 8,2.

(173) Auf dem Berg Berekynthios soll sich in Stein hervorgebracht werden, der Machaira (Messer) genannt wird. Wenn ihn jemand findet, während die Mysterien der Hekabe gefeiert werden, wird er wahnsinnig, wie Eudoxos berichtet. – Vgl. *De fluviis* 10,5.

(174) Auf dem Berg Tmolos soll ein Stein hervorgebracht werden, der einem Bimsstein ganz ähnlich ist; er wechselt viermal am Tag die Farbe. Er soll nur von Jungfrauen gesehen werden, die noch nicht das Alter der Einsicht erreicht haben. – Vgl. *De fluviis* 7,6.

(175) [847b] Am Altar der Artemis Orthosia soll ein goldener Stier aufgestellt sein, der, wenn Jäger hineinkommen, einen Laut von sich gibt. – Vgl. *De fluviis* 21,4.

Johannes Stobaios, *Anthologium* (ed. Hense 1909)

4,36: περὶ νόσου καὶ τῆς τῶν κατ' αὐτὴν ἀνιαρῶν λύσεως.

(12) Ἀγάθωνος Σαμίου ἐν δευτέρῳ Περὶ ποταμῶν.

Ἴναχος ποταμός ἐστι τῆς Ἀργείας χώρας. γεννᾶται δ' ἐν αὐτῷ βοτάνη κύνουρα καλουμένη, πηγάνῳ παρόμοιος, ἣν αἱ γυναῖκες, ὅταν ἀκινδύνως ἐκτρῶσαι θέλωσιν, ἐν οἴνῳ βεβρεγμένην τοῖς ὀμφαλοῖς ἐπιτιθέασιν.

(13) Χρυσέρμου Κορινθίου ἐν τῷ ιγ' Περὶ ποταμῶν.

Εὐφράτης ποταμός ἐστιν τῆς Παρθίας. γεννᾶται δ' ἐν αὐτῷ λίθος ἀετίτης καλούμενος, ὃν αἱ μαῖαι ταῖς δυστοκούσαις ἐπὶ τὰς γαστέρας ἐπιτιθέασι, καὶ παραχρῆμα τίκτουσιν ἄτερ ἀλγηδόνος. εὑρίσκεται δ' ἐν αὐτῷ καὶ βοτάνη ἄξαλλα, μεθερμηνευομένη θερμόν· ταύτην οἱ τεταρταΐζοντες, ὅταν ἐπὶ τοῦ στήθους τιθῶσιν, ἀπαλλάσσονται παραχρῆμα.

(14) Νικίου ἐν τοῖς Περὶ λίθων.

ὄρος ἐστὶ Δριμύλον καλούμενον τῆς Παρθίας, ἐν ᾧ γεννᾶται λίθος σαρδόνυχι παρόμοιος· ποιεῖ δ' ἄριστα πρὸς ἀμβλυωπίας εἰς ὕδωρ θερμὸν βαλλόμενος.

(16) Καλλισθένους Συβαρίτου ἐν ιγ' Γαλατικῶν.

Ἄραρ ποταμός ἐστι τῆς Κελτικῆς, τὴν προσηγορίαν εἰληφὼς παρὰ τὸ ἡρμόσθαι τῷ Ῥοδανῷ· καταφέρεται γὰρ εἰς τοῦτον κατὰ τὴν χώραν τῶν Ἀλλοβρόγων. γεννᾶται δ' ἐν αὐτῷ μέγας ἰχθὺς κλουπαῖα προσαγορευόμενος ὑπὸ τῶν ἐγχωρίων· οὗτος αὐξομένης μὲν τῆς σελήνης λευκός ἐστι, μειουμένης δὲ μέλας γίνεται παντελῶς· ὑπεραυξήσας δὲ ἀναιρεῖται ὑπὸ τῶν ἰδίων ἀκανθῶν. εὑρίσκεται δ' ἐν τῇ κεφαλῇ αὐτοῦ λίθος χόνδρῳ παρόμοιος ἁλός, ὃς κάλλιστα ποιεῖ πρὸς τε-

Johannes Stobaios, *Anthologie*

4,36: Über Krankheit und die Lösung der Beschwerden aus ihr.

(12) Von Agathon von Samos in *Über Flüsse*, Buch 2:

Inachos ist ein Fluss im Gebiet der Argeier. Hervorgebracht wird in ihm in eine Pflanze namens Hundeschwanz (*kynoura*), welche der Weinraute ähnelt und welche die Frauen, wenn sie ohne Risiko eine Abtreibung haben wollen, auf ihren Nabel legen. – Vgl. *De fluviis* 18,1–2.

(13) Von Chrysermos von Korinth in *Über Flüsse*, Buch 13:

Euphrates ist ein Fluss in Parthien. Hervorgebracht wird in ihm wird ein Stein namens Aëtites (Adlerstein), den die Hebammen den Frauen, die schwere Wehen haben, auf den Bauch legen, und sofort gebären sie ohne Schmerzen. Gefunden wird in ihm auch eine Pflanze namens Axalla, übersetzt Thermon. Diejenigen, die Viertage-Fieber haben, werden, wenn sie diese auf ihre Brust legen, sofort befreit. – Vgl. *De fluviis* 20,1–3.

(14) Von Nikias in *Über Steine*:

Es ist ein Berg namens Drimylon in Parthien, in dem ein dem Sardonyx ähnlicher Stein hervorgebracht wird; er ist sehr wirksam bei Stumpfsichtigkeit, wenn er in warmes Wasser geworfen wird. – Vgl. *De fluviis* 20,4.

(16) Von Kallisthenes von Sybaris in *Galatika*, Buch 13:

Arar ist ein Fluss aus der keltischen Region, der diesen Namen erhielt, weil er sich mit dem Rhodanos (Rhone) vereinigte (*hermosthai*, von *harmozo*). Hervorgebracht wird in ihm ein großer Fisch, der von den Einheimischen Klupaia genannt wird. Dieser ist bei zunehmendem Mond weiß, bei abnehmendem Mond aber wird er ganz schwarz. Wenn er über die Maßen gewachsen ist, wird er von seinen eigenen Stacheln getötet. Gefunden wird in seinem Kopf ein Stein, der einem Salzkorn ähnelt und der bei Viertage-Fiebern sehr wirksam ist, wenn er

ταρταίας νόσους τοῖς ἀριστεροῖς μέρεσι τοῦ σώματος προσδεσμευόμενος τῆς σελήνης μειουμένης.

(17) Ἀρχελάου ἐν α' Περὶ ποταμῶν.

Λυκόρμας ποταμός ἐστι τῆς Αἰτωλίας, μετωνομάσθη δ' Εὔηνος. γεννᾶται δ' ἐν αὐτῷ βοτάνη σάρισα προσαγορευομένη, λόγχῃ παρόμοιος, ποιοῦσα πρὸς ἀμβλυωπίας ἄριστα.

(18) Θρασύλλου ἐν τοῖς Αἰγυπτιακοῖς.

Νεῖλος ποταμός ἐστι τῆς Αἰγύπτου, ἐκαλεῖτο δὲ τὸ πρότερον Μέλας. γεννᾶται δ' ἐν αὐτῷ λίθος κυάμῳ παρόμοιος, ὃν ἂν κύνες ἴδωσιν, οὐχ ὑλακτοῦσι· ποιεῖ δ' ἄριστα πρὸς τοὺς δαιμονιζομένους· ἅμα γὰρ <τῷ> αὐτὸν προστεθῆναι ταῖς ῥισὶν ἐξέρχεται τὸ δαιμόνιον.

(19) Τιμαγόρου ἐν α' Περὶ ποταμῶν.

Κάϊκος ποταμός ἐστι τῆς Μυσίας. φύεται δ' ἐν αὐτῷ βοτάνη ἡλιφάρμακος καλουμένη, ἣν οἱ ἰατροὶ τοῖς αἱμορραγοῦσιν ἐπιτιθέασι καὶ τῶν φλεβῶν μεσολαβοῦσι τὴν ἔκρυσιν.

(20) Κτησίου Κνιδίου ἐν β' Περὶ ὀρῶν.

ὄρος ἐστὶ τῆς Μυσίας Τεύθρας καλούμενον. γεννᾶται δ' ἐν αὐτῷ λίθος ἀντιπαθὴς προσονομαζόμενος, ὃς κάλλιστα ποιεῖ πρὸς ἀλφοὺς καὶ λέπρας δι' οἴνου τριβόμενος καὶ τοῖς πάσχουσιν ἐπιτιθέμενος.

(21) Σωστράτου ἐν α' Μυθικῆς <συν>αγωγῆς.

Τίγρις ποταμός ἐστι τῆς Ἀρμενίας. γεννᾶται δ' ἐν αὐτῷ βοτάνη κριθῇ παρόμοιος ἀγρίᾳ. ταύτην οἱ ἐγχώριοι θερμαίνοντες ἐν ἐλαίῳ καὶ ἀλειφόμενοι οὐδέποτε νοσοῦσι μέχρι τῆς ἀνάγκης τοῦ θανάτου.

bei abnehmendem Mond auf die linken Körperteile aufgebunden wird. – Vgl. *De fluviis* 6,1–3.

(17) Von Archelaos in *Über Flüsse*, Buch 1:

Lykormas ist ein Fluss in Aitolien. Er wurde in Euenos umbenannt. Hervorgebracht wird in ihm eine Pflanze namens Sarisa, die einer Lanze ähnelt; sie wirkt bei Sehstörungen sehr gut. – Vgl. *De fluviis* 8,1–2.

(18) Thrasyllos in den *Aigyptiaka*:

Neilos ist ein Fluss in Ägypten; er wurde früher Melas genannt. Hervorgebracht wird in ihm ein Stein, der einer Bohne ähnelt; wenn die Hunde ihn sehen, bellen sie nicht. Er ist sehr wirksam für die von Dämonen Besessenen. Wenn er nämlich vor die Nasenlöcher gehalten wird, kommt der Dämon heraus. – Vgl. *De fluviis* 16,1–2.

(19) Timagoras in *Über Flüsse*, Buch 1:

Kaïkos ist ein Fluss in Mysien. Es wächst in ihm auch eine Pflanze namens Helipharmakos, welche die Ärzte bei Männern mit Blutungen anwenden und den Blutfluss anhalten. – Vgl. *De fluviis* 21,1 und 3.

(20) Von Ktesias von Knidos in *Über Berge*, Buch 2:

Es ist ein Berg in Mysien namens Teuthras. Hervorgebracht wird in ihm wird ein Stein namens Antipathes, der sehr wirksam gegen Hautflecken und Ausschläge ist, wenn er in Wein zerrieben und den Leidenden aufgelegt wird. – Vgl. *De fluviis* 21,4–5.

(21) Von Sostatros in der *Mythen-Sammlung*, Buch 1:

Tigris ist ein Fluss in Armenien. Hervorgebracht wird in ihm eine Pflanze, die wilder Gerste ähnelt. Wenn die Einheimischen diese in Öl erwärmen und sich aufsalben, werden sie niemals krank, bis sie sterben müssen. – Vgl. *De fluviis* 24,1 und 4.

(22) Κλειτοφῶντος Ῥοδίου ἐν α' Ἰνδικῶν.

Ἰνδὸς ποταμός ἐστι τῆς Ἰνδίας. φύεται δ' ἐν αὐτῷ βοτάνη καρπύλη καλουμένη, βουγλώσσῳ παρεμφερής· ποιεῖ δ' ἄριστα πρὸς ἰκτέρους διὰ ὕδατος χλιαροῦ διδομένη.

Scholia in Dionysium Periegeten 1139 (ed. Müller 1861, 456)

Ὑδάσπου Χρυσίππη διὰ <μῆνιν> τῆς Ἀφροδίτης εἰς ἐπιθυμίαν ἐμπεσοῦσα τοῦ γεννήσαντος Ὑδάσπου καὶ μὴ στέγουσα τοὺς παρὰ φύσιν ἔρωτας, νυκτὸς βαθείας τῷ προειρημένῳ συνῆλθε, τῆς τροφοῦ συνεργούσης. περὶ τῶν συμβεβηκότων οὖν ὁ βασιλεὺς ἀθυμήσας τὴν μὲν ἐνεδρεύσασαν αὐτὸν γραῦν ζῶσαν κατέχωσε, τὴν δὲ θυγατέρα σταυρώσας διὰ λυπῆς ὑπερβολὴν ἔρριψεν ἑαυτὸν εἰς ποταμὸν Ἰνδὸν, ὃς ἀπ' αὐτοῦ Ὑδάσπης μετωνομάσθη· ἔστι δὲ τῆς Ἰνδίας καταφερόμενος εἰς τὸν Σαρωνικὴν Ἀρότην.

γεννᾷ δὲ ἐν αὐτῷ λίθους λύχνους καλουμένους· ἐλαιώδης δέ ἐστι τὴν χροιὰν καὶ ξεστὸς πάνυ· σελήνης δὲ αὐξανομένης πρὸς μελῳδίαν αὐλῶν εὑρίσκεται. χρῶνται δὲ αὐτῷ οἱ ἐν ἐξοχῇ τυγχάνοντες.

εὑρίσκεται δὲ αὐτοῦ παρὰ τὰς καλουμένας Πύλας βοτάνη παρόμοιος ἡλιοτροπίῳ· ταύτην λειοτριβοῦντες τῷ χυλῷ τοῖς καύμασιν [εὑρίσκονται καὶ] ἀλείφονται καὶ φέρουσιν ἀκινδύνως καὶ εὐγενῶς τῆς περισσοτέρας θερμασίας τὴν ἀναθυμίασιν.

οἱ δὲ ἐγχώριοι τὰς ἀσεβῶς ἀναστρεφομένας πόρνας σταυροῖς προσηλώσαντες εἰς αὐτὸν βάλλουσι, τὸν Ἀφροδίτης ὕμνον ᾄσαντες. κατορύσσουσι δὲ κατ' ἐνιαυτὸν γραῦν κατάκριτον παρὰ τὸν <Θηρογόνον> ὀνομαζόμενον λόφον· ἅμα γὰρ τῷ τὴν πρεσβῦτιν κατορυχθῆναι ἑρπετῶν πλῆθος ἐκ τῆς ἀκρωρείας ἐξέρχεται καὶ τὰ περιιστάμενα τῶν ἀλόγων ζώων κατεσθίει.

(22) Von Kleitophon von Rhodos in *Indika*, Buch 1:

Indos ist ein Fluss in Indien. Es wächst in ihm eine Pflanze namens Karpyle, die einer Ochsenzunge ähnelt. Sie ist besonders wirksam bei Gelbsucht, wenn sie mit lauwarmem Wasser verabreicht wird. – Vgl. *De fluviis* 25,1 und 3.

Scholien zu Dionysios Periegetes 1139

Des Hydaspes (Tochter) Chrysippe, die durch den Zorn der Aphrodite in Begehren nach ihrem Vater Hydaspes verfallen war und den widernatürlichen erotischen Begierden nicht widerstehen konnte, hatte sie in tiefer Nacht mit dem Vorgenannten Geschlechtsverkehr, wobei ihr die (alte) Amme half. Der König war über die Geschehnisse verzweifelt, begrub der König die alte Frau, die den Hinterhalt bereitet hatte, bei lebendigem Leib und stürzte sich, nachdem er seine Tochter gekreuzigt hatte, in übermäßigem Kummer in den Indos, der nach ihm in Hydaspes umbenannt wurde. Er ist ein Fluss von Indien, der heftig in die saronische Arote fließt.

Hervorgebracht wird in ihm ein Stein namens Lychnis. Er hat eine olivgrüne Farbe und ist sehr warm. Wenn der Mond zunimmt, wird er in Begleitung einer Flötenmelodie gefunden. Die prominenten Männer verwenden ihn.

Gefunden wird bei den sogenannten Toren (*pylai*) eine Pflanze, die dem Heliotrop ähnelt. Sie zerreiben diese fein, salben sich mit dem Saft gegen Verbrennungen und ertragen ohne Risiko das Aufdampfen der sehr großen Hitze.

Die Einheimischen werfen die Prostituierten, die sich pietätlos verhalten haben, in ihn (den Fluss), nachdem sie sie gekreuzigt haben, wobei sie den Hymnos an Aphrodite singen. Sie begraben jedes Jahr eine verurteilte alte Frau bei dem Therogonos (Wildtierhervorbringer) genannten Hügel. Gleichzeitig mit der Vergrabung der alten Frau kommt nämlich eine Schar von Reptilien aus der Bergspitze hervor und verschlingt die vernunftlosen Tiere. – Vgl. *De fluviis* 1,1–3.

Johannes Lydos, *De mensibus* 3,11 (ed. Wünsch 1898, 51–52)

φασὶ δέ τινες, ὧν ἐστι καὶ Δέρκυλλος, ὅτι γεννᾶται ἐν τῷ Ὑδάσπῃ ποταμῷ λίθος λυχνὶς καλούμενος· οὗτος σελήνης αὐξομένης ἦχον μελῳδίας ἀποδίδωσι.

ἀλλὰ μὴν καὶ ἐν Ἀράρει ποταμῷ τῆς Κελτικῆς, μᾶλλον δὲ <Αἰσάρῳ> Συβάρεως, γεννᾶται ἰχθύς, κλοπίαν δὲ αὐτὸν οἱ ἐπιχώριοι καλοῦσι. τοῦτον λέγουσιν αὐξανομένης μὲν τῆς σελήνης λευκαίνεσθαι, μελαίνεσθαι δὲ αὖθις μειουμένης τοῦ φωτὸς αὐτῆς.

Eustathios, *Commentaria in Homeri* Iliadem 3,54 (ed. van der Valk 1971, I 602)

Αἰσχύλος δὲ ὀβρίκαλά φησι τοὺς λεοντιδεῖς καὶ βαλῆνα τὸν βασιλέα ἐν τῷ »βαλὴν ἀρχαῖος βαλήν«. γλώσσης δὲ τοῦτο, ἐξ οὗ καὶ ὄρος Βαλιναῖον, ὅ ἐστι βασιλικὸν παρὰ Πλουτάρχῳ ἐν τῷ Περὶ ποταμῶν.

Johannes Lydos, *De mensibus* 3,11

Es sagen manche, unter denen auch Derkyllos ist, dass am Hydaspes-Fluss ein Stein namens Lychnis hervorgebracht wird. Dieser gibt, wenn der Mond zunimmt, eine Melodie von sich. – Vgl. *De fluviis* 1,2.

Aber auch am Arar-Fluss in der keltischen Region, mehr aber im Aisaros von Sybaris, wird ein Fisch hervorgebracht; Klopias nennen ihn die Einheimischen. Von diesem sagen sie, dass er bei zunehmendem Mond weiß wird, aber wieder schwarz, wenn dessen Licht zurückgeht. – Vgl. *De fluviis* 6,2.

Eustathios, *Kommentar zu Homers* Ilias 3,54

Aischylos nennt die jungen Löwen *obrikala* und den *basileus* (König) *balena* in dem Spruch »*balen*, alter *balen*« (*Perser* 658). (Zusatz des Eustathios:) Dies ist aus der Sprache, aus der auch der Berg *Balinaios* ist, was *basilikos* (königlich) heißt bei Plutarchos in dem (Buch) *Über Flüsse*. – Vgl. *De fluviis* 12,3.

Ἰσιδώρῳ πεπαιδευμένῳ

Die Universitätsbibliothek Heidelberg hat dankenswerterweise ein Digitalisat des *Codex Palatinus graecus* 398 bereitgestellt (s. o. S. 11). Für das Mitlesen der Korrekturen danke ich meiner lieben Frau Christiane.

Universität Erfurt, 15.8.2022 Kai Brodersen

Anhang

Weiterführende Literatur

Atenstädt, F.: Zwei Quellen des sogenannten Plutarch *De fluviis*, in: Hermes 57, 1922, 219–246

Banchich, Th. u. a.: Pseudo-Plutarch, About Rivers and Mountains and Things Found in Them, Canisius College Translated Texts 4, Buffalo NY 2010

Bernardakis, G. N.: Plutarchi Chaeronensis moralia, Bd. VII, Leipzig 1896

Bidez, J.: Plantes et pierres magiques d'après le Ps.-Plutarque *De fluviis*, in: Mélanges offerts à m. Octave Navarre, Toulouse 1935, 25–38

Braund, D.: The Religious Landscape of Phasis, in: Petropoulos, E. K./ Maslennikov, A. A. (Hgg.): Ancient Sacral Monuments in the Black Sea, Thessaloniki 2010, 431–439

Brodersen, I.: Lukians »Wie man Geschichte schreiben soll«, Mainzer Althistorische Studien 8, Hamburg 2018

Calderón Dorda, E.: Notas textuales al Περὶ ποταμῶν de Ps.-Plutarco, in: Eikasmos: Quaderni Bolognesi di Filologia Classica 6, 1995, 203–207

– / De Lazzer, A. / Pellizer, E.: Plutarco, Fiumi e Monti, Corpus Plutarchi Moralium 38, Napoli 2003 (maßgebliche Edition)

Cameron, Alan: Greek Mythography in the Roman World, Oxford 2004

de Mély, F.: Le traité des fleuves de Plutarque, in: Revue des Études Grecques 5, 1892, 327–340

Delattre, Ch.: Pseudo-Plutarque, Nommer le monde, Mythographes, Villeneuve d'Ascq 2011

– Provincial, étranger, barbare? L'intégration de la diversité linguistique dans le *De fluviis* du ps. Plutarque, in: Polymnia 2, 2016, 51–86

– L'alphabet au secours de la géographie: (dés)organiser le *De fluviis* du pseudo-Plutarque, in: Polymnia 3, 2017, 53–82

Dübner, F.: Plutarchi fragmenta et spuria, Paris 1882

Flashar, H.: Aristoteles, Mirabilia, Aristoteles Werke in deutscher Übersetzung 18.2, Berlin 1972 [mit 18.3 Klein, U.: De audibilibus]

Ghelen (Gelenius), S.: Plutarchi de montium et fluminum nominibus cum Arriani et Hannonis periplo et Strabonis epitome, Basel 1533

Giacomelli, C.: Ps.-Aristotele, De mirabilibus auscultatioibus, Commentaria in Aristotelem Graeca et Byzantina 2, Berlin 2021

Henry, R.: Photius, Bibliothèque, Bd. II, Paris 1960

Hense, O.: Ioannis Stobaei anthologii libri duo posteriores, Bd. II, Ioannis Stobaei anthologium 4, Berlin 1909
Hercher, R.: Plutarchi libellus *De fluviis*, Leipzig 1851
Hudson, J.: Geographiae veteris scriptores Graci minores, Bd. II, Oxford 1703
Jacoby, F.: Die Überlieferung von Ps.-Plutarchs Parallela Minora und die Schwindelautoren, in: Mnemosyne 3. S. 8, 1940, 73–144
Luria, S.: Entstellungen des Klassikertextes bei Stobaios, Teil I, in: Rheinisches Museum für Philologie N. F. 78, 1929, 81–104
Maussac (Mausaccus), Ph. J.: Plutarchi libellus de fluviorum et montium nominibus, Toulouse 1615
Müller, K.: Geographi Graeci Minores, Bd. II, Paris 1861
Nicolai, C. von: La délimitation rituelle de l'espace habité à l'âge du Fer, in: Blancquaert, G. / Malrain, F. (Hgg.): Évolution des sociétés gauloises du second âge du fer, Senlis 2016, 317–332 (zu 6,1–4)
Poidomani, Ch.: Il *De fluviis* pseudoplutarcheo nella redazione del codice Paris, Bibliothèque Nationale de France, Supplément grec 443A, in: Commentaria Classica 3, 2016, 57–82
Rodríguez Moreno, I.: Plutarco, Vidas de los diez oradores / Sobre la astucia de los animales / Sobre los ríos, Madrid 2005
Sakellaridou-Sottroudi, A.: Marginalia critica, in: Επιστημονική Επετηρίδα της Φιλοσοφικής Σχολής του Αριστοτελείου Πανεπιστημίου Θεσσαλονίκης, Τεύχος Τμήματος Φιλολογίας 5, 1995, 141–150 (zu 7,4)
Sandbach, F. H.: Plutarchi moralia, Bd. VII, Leipzig 1967
Schlereth, J.: De Plutarchi quae feruntur parallelis minoribus. Diss. Freiburg/Br. 1931
Schmid, W.: Rez. Schlereth 1931, in: (Berliner) Philologische Wochenschrift 52.23/24 (10.6.1932) 625–634
Treu, M.: Der sogenannte Lampriascatalog der Plutarchschriften, Schulprogramm Waldenburg (heute Wałbrzych) 1873
van der Valk, M.: Eustathii archepiscopi Thessalonicensis commentarii ad Homeri Iliadem pertinentes ad fidem codicis Laurentiani, Bd. I, Leiden 1971
Vespa, M.: Presentifying the Divine in Ancient Greek Tales: Human Voices in Animal Bodies, in: Schmalzgruber, H. (Hg.): Speaking Animals in Ancient Literature, Kalliope 20, Heidelberg 2020, 401–425
Wünsch, R.: Ioannes Lydus, De mensibus, Leipzig 1898
Wyttenbach, D.: Plutarchi Chaeronensis moralia, Bd. V 5, Oxford 1800
Yanakieva, S.: The Name of the River Sangarios, in: Epigraphica Anatolica 34, 2002, 139–142 (zu 12)
Ziegler, K.: Plutarchos 2, in: Realencyclopädie der classischen Altertumswissenschaft,. Bd. XX 1, Stuttgart1951, 636–962 (auch Einzelausgabe)